LA

MORALE PRATIQUE

OUVRAGES DU MÊME AUTEUR

La morale pratique. Ouvrage classique rédigé conformément aux programmes suivants : 1° Enseignement secondaire moderne. (Quatrième). — 2° Écoles primaires supérieures. — 3° Écoles normales primaires. — 4° Enseignement secondaire des jeunes filles. 2ᵉ édition. In-18 jésus broché........ 2 fr. »
Cartonné....................................... 2 fr. 25

Condillac. — Traité des sensations : Liv. I. Édition accompagnée de notes historiques et philosophiques, précédée d'une étude préliminaire. Gr. in-18 broché.................... 1 fr. 40

Descartes. — Les principes de la philosopie : Liv. Iᵉʳ. Édition classique, accompagnée de notes historiques et philosophiques, précédée d'une analyse du livre premier et d'une introduction renfermant un exposé critique de la doctrine de Descartes. Gr. in-18 broché................................... 1 fr. 50

ALLIANCE DES MAISONS D'ÉDUCATION CHRÉTIENNE

LA
MORALE PRATIQUE

OUVRAGE CLASSIQUE

RÉDIGÉ CONFORMÉMENT AUX PROGRAMMES SUIVANTS :

1° ENSEIGNEMENT SECONDAIRE MODERNE (QUATRIÈME)
2° ÉCOLES PRIMAIRES SUPÉRIEURES. — 3° ÉCOLES NORMALES PRIMAIRES
4° ENSEIGNEMENT SECONDAIRE DES JEUNES FILLES

PAR Mgr DRIOUX

PROTONOTAIRE APOSTOLIQUE, VICAIRE GÉNÉRAL DE LANGRES
ANCIEN PROFESSEUR DE PHILOSOPHIE

DEUXIÈME ÉDITION

PARIS
LIBRAIRIE CH. POUSSIELGUE
RUE CASSETTE, 15

1895

AVERTISSEMENT

Je m'étais proposé tout d'abord de faire un ouvrage qui répondît uniquement au programme de l'enseignement moderne (quatrième).

Mais en parcourant les programmes rédigés pour les écoles primaires supérieures, les écoles normales primaires et l'enseignement secondaire des jeunes filles, j'ai vu que l'on exigeait partout une étude spéciale de la morale pratique, que les cadres tracés pour cet enseignement étaient les mêmes, que l'on reproduisait les mêmes questions, et que les différences ne portaient que sur des additions de peu d'importance.

J'ai remarqué que ces additions n'apportaient aucune modification au plan général et que je pouvais y satisfaire sans troubler l'unité et l'harmonie de mon premier travail.

Au lieu de me borner à répondre au programme de l'enseignement secondaire moderne, j'ai donc étendu mon ouvrage aux trois autres programmes.

1

A la vérité l'ordre n'est pas dans tous absolument le même.

J'ai conservé exactement l'ordre suivi dans le programme de l'enseignement secondaire moderne qui a fait la base de mon travail.

J'ai reproduit les divers programmes à la fin du volume et à chaque question j'ai indiqué la page où l'on en trouverait la solution.

La difficulté a ainsi disparu et j'ai pu atteindre mon but un peu multiple sans confusion.

En philosophie, d'après les auteurs des programmes eux-mêmes, le maître peut à volonté intervertir l'ordre des questions; il est seulement obligé de les traiter toutes sans exception.

Cette difficulté était par conséquent plus apparente que réelle. Si j'ai résolu toutes les autres avec le même succès, je n'aurai rien à désirer.

NOTIONS PRÉLIMINAIRES

CHAPITRE PREMIER

De la philosophie et de ses divisions principales. De
la morale théorique, de la morale pratique et de
leurs rapports.

1. Définition de la philosophie. — Bossuet défini
la philosophie : la connaissance de Dieu et de soi-
même.

D'après cette définition la philosophie a un double
objet : Dieu et l'homme.

L'homme est le point de départ, la base de la science,
Dieu en est le terme.

Dans l'homme la philosophie étudie l'âme et ne
considère le corps que dans ses rapports avec l'âme.

2. Divisions générales. — La philosophie se divise
en cinq grandes parties : la *psychologie*, la *logique*,
la *métaphysique*, la *théodicée* et la *morale*.

La *psychologie* a pour objet l'étude de l'âme elle-
même. Elle nous en fait connaître la nature et les
facultés.

La *logique* qu'on appelle aussi l'art de penser ou de
raisonner a pour objet les lois de l'intelligence. Elle
nous enseigne les moyens d'arriver à la vérité et de la
faire connaître aux autres.

La *métaphysique*, qu'on appelle aussi *ontologie*, est la science de l'être considéré en lui-même et dans ses rapports. Aristote la définit la science des premiers principes et des premières causes.

La *théodicée* a pour objet l'étude de Dieu et de ses perfections.

La *morale*, suivant l'étymologie du mot est la science des mœurs.

Nous n'avons à nous occuper ici que de cette dernière partie de la philosophie.

3. De la morale en général. — Au lieu de dire que la morale est la science des mœurs, nous croyons rendre mieux compte de son but et de son objet en la définissant : La science des devoirs.

On s'est demandé si la morale est une science ou un art.

La morale telle que nous la comprenons ici est une science. Car elle a pour objet les lois qui doivent régir la volonté.

Elle repose donc comme toutes les sciences sur des principes certains et immuables et elle présente un ensemble de propositions déduites de ces principes.

Mais elle est aussi un art en ce sens que dans l'application de ces principes il y a un certain art, une certaine habileté nécessaire pour la direction de la vie ; comme le pilote dirige d'après un art particulier le navire qui lui est confié.

4. Division de la morale. — La morale se divise en deux parties : la morale *spéculative* ou *théorique* et la morale *pratique*.

La morale *spéculative* ou *théorique* considère en elle-même et dans ses principes la loi morale à laquelle l'homme est soumis. Comme son nom l'indique, c'est la partie abstraite de la science; elle s'occupe des idées plutôt que des faits.

La morale *pratique* étudie la morale dans ses différentes applications. Elle a principalement pour but de régler nos actions et de nous dire ce que nous avons à faire dans les différentes circonstances de la vie.

5. Des rapports de la morale avec les autres parties de la philosophie. — Si nous considérons l'objet des différentes parties de la philosophie, nous dirons que pour procéder rationnellement nous devons d'abord examiner ce que nous sommes.

C'est ce que doivent nous apprendre la psychologie et la logique.

Connaissant la nature de l'âme et les lois de la pensée, il est naturel que nous nous demandions d'où nous venons et où nous allons.

La métaphysique et la théodicée nous le disent en nous montrant que nous venons de Dieu, qu'il est notre cause et que nous devons aller à lui, attendu qu'il est notre fin.

La morale nous met en rapport avec ces deux pôles de notre existence en nous enseignant ce que nous avons à faire pour aller sûrement de l'un à l'autre et accomplir convenablement notre destinée.

La morale vient donc après la psychologie, la logique, la métaphysique et la théodicée. Elle les suppose et en est le couronnement.

6. Des rapports de la morale théorique et de la morale pratique. — Il y a des philosophes qui traitent de la morale pratique avant de parler de la morale théorique.

Ils prétendent que toute science doit reposer sur les faits et qu'en commençant par la morale pratique qui est généralement admise, ils placent la morale elle-même en dehors de toutes les discussions que la métaphysique provoque et qu'ils lui donnent une base plus solide.

Il y a là une double erreur.

Les sciences n'ont pas pour fondement des faits, mais des principes. La morale n'est pas une science empirique, mais rationnelle et ses principes sont des notions premières aussi certaines et aussi immuables que les vérités nécessaires sur lesquelles s'appuient les sciences exactes.

En la plaçant en dehors de la métaphysique et de la théodicée, on lui enlève au contraire toute sa force en la détachant des idées générales dont ses prescriptions sont déduites.

Dans cette hypothèse, ses préceptes paraissent être le résultat de conventions plus ou moins arbitraires et le philosophe en les exposant ne fait que décrire les mœurs et les coutumes admises dans le pays où il se trouve, sans donner à ces usages aucun caractère obligatoire, ni aucune sanction en dehors des lois civiles et de l'opinion.

Ce n'est pas ainsi que nous comprenons la morale.

Les auteurs des programmes ont sans doute été de notre sentiment. Car avant d'aborder la morale pratique, ils la font précéder de notions préliminaires qui appartiennent à la morale théorique.

CHAPITRE II

De la nature de l'homme. Liberté. Responsabilité. De la vertu.

1. De la nature de l'homme. Des facultés de l'âme. De la sensibilité. — L'homme est composé d'un corps et d'une âme.

On distingue dans l'âme trois grandes facultés : la *sensibilité*, l'*intelligence* et la *volonté*.

Par la sensibilité, l'homme est mis en rapport avec le monde extérieur.

Suivant que les impressions produites sur nous par les objets sont agréables ou désagréables, nous éprouvons du plaisir ou de la douleur. « On a du plaisir, dit Bossuet, à goûter de bonnes viandes et de la douleur à en goûter de mauvaises. »

Quand ces impressions résultent d'objets purement physiques, on leur donne le nom de *sensations*.

Les sensations sont internes quand elles sont causées par notre corps lui-même : telle est la sensation de la faim de la soif, ou toute autre affection corporelle.

Elles sont externes quand elles sont produites par les objets extérieurs.

Si la sensibilité est excitée par des objets moraux ou intellectuels, les effets produits prennent le nom de *sentiment*. Il y a le sentiment du vrai, du beau et du bien.

C'est à la sensibilité que se rapportent les inclinations ou appétits, les désirs, les affections et en général toutes les passions.

2. De l'intelligence. — L'intelligence est la faculté de connaître.

Au point de vue de la réceptivité ou de l'acquisition des idées, elle se subdivise en trois facultés : la *conscience*, les *sens* et la *raison*.

La *conscience* psychologique nous donne la connaissance de l'âme et de tous les phénomènes qui se passent en elle. Elle nous fait connaître notre monde intérieur.

Les *sens* nous mettent en rapport avec tous les objets corporels et c'est par eux que nous arrivons à la connaissance du monde extérieur.

La *raison* nous élève au-dessus du monde sensible et produit les conceptions pures ou idées abstraites et les conceptions réelles ou l'idée de Dieu et des êtres spirituels.

Mais l'âme n'acquiert pas seulement les idées; elle les conserve, les féconde, les éclaircit et les vérifie.

C'est au moyen de la mémoire qu'elle les conserve et les reproduit à volonté; c'est par l'imagination qu'elle les combine et les féconde, et c'est par le jugement et le raisonnement qu'elle s'assure de leur exactitude.

3. De l'activité. De l'activité libre et de l'activité spontanée. — Toutes ces opérations supposent une activité incessante.

L'activité est *libre* ou *spontanée*.

L'activité *spontanée* est celle qui se produit d'elle-même, par l'effet seul de notre nature, sans que notre volonté y ait aucune part.

Tels sont les mouvements instinctifs qui résultent d'une impulsion aveugle et fatale qui nous fait agir, sans que nous ayons conscience du but auquel tendent nos actes.

Ainsi l'enfant ne sait pas ce que c'est que la faim et la soif, mais il cherche à satisfaire instinctivement les besoins de sa nature.

L'activité *réfléchie* est celle que nous provoquons et dont nous sommes les maîtres. Cette activité est volontaire et c'est elle qui constitue notre liberté.

4. De la liberté. De l'acte volontaire et de l'acte libre. — La liberté est la faculté que nous avons de faire une chose ou de ne pas la faire.

Il ne faut pas confondre l'acte libre avec l'acte volontaire.

Tout acte libre est volontaire, mais tout acte volontaire n'est pas libre.

Ainsi je m'aime, je recherche mon propre bien, j'agis pour me rendre heureux, tous ces actes sont volontaires. J'y adhère, j'y consens parfaitement et je ne négligerai rien de ce que je croirai utile pour atteindre mon but. Mais tout volontaires qu'ils sont, ces actes ne sont pas libres, parce que je ne puis pas ne pas m'aimer, je ne puis pas ne pas vouloir mon bonheur. Il y a là un motif nécessitant, irrésistible, qui ne me permet pas d'agir autrement.

Pour que je sois libre, il faut que je sois exempt de toute contrainte, et que quand j'agis je sois bien maître de moi-même et qu'en agissant je sente que je pourrais faire autrement. Je fais l'aumône, mais rien ne m'oblige à la faire; je la fais à qui je veux, dans la mesure que j'ai librement déterminée, et quand je la fais je sens qu'il ne tiendrait qu'à moi de ne pas la faire. Voilà l'acte libre.

5. Analyse de l'acte libre. Ses conditions essentielles. — L'acte libre est le produit de l'intelligence et de la volonté.

Un être qui n'est ni intelligent, ni raisonnable ne peut être libre.

Ainsi l'enfant qui n'a pas l'usage de sa raison et l'insensé qui l'a perdu ne sont pas capables de faire des actes libres.

Pour agir librement, il faut que l'homme sache bien ce qu'il fait, qu'il ait connaissance de la valeur morale de son action, de son importance et de sa gravité et de la loi qui la commande ou qui la défend.

Une fois la raison éclairée, il faut que la volonté intervienne. C'est à elle à prendre sa détermination ou sa décision.

Habituellement avant de se prononcer elle délibère, elle pèse les motifs pour et contre et c'est après les avoir appréciés qu'elle se décide.

Tant que la détermination n'est pas prise, l'acte moral n'est pas consommé.

Pendant la délibération, nous sommes sollicités par des influences contraires, et nous nous trouvons, suivant le langage théologique, soumis à la tentation. C'est une épreuve qui n'est pas mauvaise en elle-même. Si nous résistons, c'est un mérite; si nous succombons en donnant notre assentiment plein et entier au mal, nous devenons alors coupables.

6. Preuves de la liberté morale de l'homme. — Il y a des philosophes qui ont mis en doute la liberté de l'homme ou même qui l'ont niée, prétendant que nous sommes contraints dans tous nos actes et que nous agissons fatalement.

Mais la liberté de l'homme est un fait de conscience

qui est indéniable. « Que chacun de nous, dit Bossuet, s'écoute et se consulte soi-même et il sentira qu'il est libre, comme il sentira qu'il est raisonnable. » J'affirme que je souffre, que je suis dans la joie ou le chagrin, que je marche ou que je suis en repos, parce que j'ai la conscience de ces divers états. De même j'affirme que je suis libre, parce que je le sens, et que je ne puis pas plus douter de ma liberté que de mon existence.

Aussi, il n'y a pas d'individu, il n'y a pas de peuple qui n'ait traité l'homme comme un être libre. Les législateurs font des lois, établissent des peines et proposent des récompenses, ce qu'ils ne feraient pas, s'ils n'étaient convaincus que l'homme est maître de ses déterminations et qu'il fait le bien ou le mal à son gré.

Nous honorons les hommes vertueux et nous n'avons que du mépris pour les méchants, parce que nous savons que leurs vertus ou leurs vices sont les consé-quences de l'usage bon ou mauvais qu'ils font libre-ment de leurs facultés.

7. De la responsabilité et de ses divers degrés. — La responsabilité est la conséquence de la liberté. Par là même que nous sommes libres, nos actions nous sont imputables. Elles sont à notre honneur ou à notre honte suivant qu'elles sont bonnes ou mauvaises.

Mais il y a des degrés dans notre responsabilité en raison du plus ou moins de liberté qu'il y a dans nos actes.

Si avant d'agir nous n'avons eu qu'une connaissance imparfaite de la valeur morale de notre acte, il est évident qu'il est plus ou moins excusable.

L'ignorance involontaire et invincible enlève même

complètement la culpabilité de l'acte. Le sauvage, qui
n'a pas d'autres lois que les usages de ses ancêtres et
dont la conscience est invinciblement erronée, ne
commet qu'une faute matérielle quand il tue son père
pour le délivrer des misères de la vie.

Si l'acte n'a été qu'imparfaitement réfléchi, s'il a été
l'effet d'un emportement ou d'une surprise, si le consentement n'a pas été complet, il est certain qu'il peut
y avoir là une foule de circonstances atténuantes, mais
qu'il n'est pas toujours facile d'apprécier.

La passion, la crainte, l'habitude, l'influence du
tempérament et du caractère sont des mobiles puissants dont Dieu seul peut faire exactement la part,
quand il s'agit d'évaluer le degré de bonté ou de
malice des actions. Car il y a là bien des nuances qui
nous échappent et qui nous obligent à être très réser-
vés dans nos jugements.

8. Du mérite et du démérite. — C'est du degré de
responsabilité que découlent notre mérite et notre
démérite.

Si nous faisons une bonne action, elle tourne nécessairement à notre louange et nous attire l'estime, la
considération et le respect de nos semblables; voilà le
mérite.

Au contraire, si nous en faisons une mauvaise, elle
nous rend blâmables et nous enlève totalement ou en
partie la considération dont nous jouissons; voilà le
démérite.

Le mérite et le démérite étant proportionnés à la
valeur morale de l'acte, il s'ensuit qu'ils varient suivant le degré du bien ou du mal que nous faisons.

Au point de vue du bien on distingue les actions
communes ou ordinaires, les actions remarquables

ou éclatantes et les actions héroïques ou sublimes.

Le mal a aussi ses degrés. Il y a des actions mauvaises que nous nous contentons de condamner, d'autres honteuses qui nous inspirent du mépris, et il y en a qui excitent notre indignation et nous rendent horribles ceux qui les commettent.

Le démérite a son échelle décroissante, comme le mérite a son échelle ascendante. C'est sur les degrés de cette double échelle que se placent les hommes eux-mêmes d'après leur conduite.

Leur moralité doit être la mesure de leur considération.

9. De la vertu et du vice. En quoi consiste la vertu. — On appelle *vertu* l'habitude de faire le bien et on donne le nom de *vice* à l'habitude de faire le mal. On peut donc dire que la vertu est une bonne habitude et que le vice en est une mauvaise.

Un homme qui ne fait dans sa vie que quelques bonnes actions n'est pas un homme vertueux; et celui qui a une faiblesse et qui commet une faute n'est pas vicieux.

Pour qu'il y ait vertu, il faut que l'on fasse habituellement son devoir et qu'on soit toujours disposé à le faire.

La vertu est le résultat d'un effort constant, une victoire obtenue après de longues luttes. Pour que nous dominions ainsi d'une manière souveraine toutes nos inclinations mauvaises, nous avons besoin d'une grande énergie de la volonté. C'est ce qui a fait donner à cet empire que nous finissons par avoir sur nous-mêmes le nom de *force* et de *vertu*.

Objectivement la vertu d'après Aristote est le milieu entre deux extrêmes : l'excès et le défaut. C'est la doctrine de saint Thomas. Le mal, dit ce grand docteur, résulte de la discordance qu'il y a entre l'objet et sa mesure ou sa règle ; ce qui provient soit de ce qu'il dépasse la mesure, soit de ce qu'il reste en deçà, comme on le voit manifestement à l'égard de toutes les choses qui sont mesurées ou réglées. C'est pourquoi il est évident que la bonté de la vertu morale consiste dans sa conformité adéquate avec la raison qui est sa règle. Or il est manifeste que cette égalité ou cette conformité n'est pas autre chose que le milieu entre ce qui va au delà, et ce qui reste en deçà, entre l'excès et le défaut. (*Div. Thom. Sum. theolog.*, I 2æ, quæst. LXIV, art. 1, c.)

Or, cette règle à laquelle nous devons conformer toutes nos actions et qui en est la mesure c'est la loi.

CHAPITRE III

Des lois. Du bien. Des devoirs et des droits.
Des diverses sanctions de la loi morale.

1. De la notion du bien et du mal moral. — Le bien et le mal moral n'ont rien de commun avec le bien et le mal physique. Le bien et le mal physique résultent du plaisir ou de la douleur que nous causent nos organes et les objets matériels qui agissent sur nos sens. Je suis en bonne santé, j'entends un agréable concert, je me trouve au milieu d'une société choisie, j'éprouve un vrai plaisir. un grand bien-être, c'est là le bien physique.

Je suis au contraire souffrant, j'ai des douleurs de goutte, des accès de rhumatisme, j'endure des tourments, des contrariétés terribles; c'est là le mal physique.

Le bien et le mal moral se rapportent à une sphère supérieure. Ils se trouvent dans le domaine du vrai et du beau et relèvent de l'intelligence et de la volonté.

Dans leur expression la plus haute et la plus large, ils font partie des idées générales, abstraites, universelles et immuables qui sont le point de départ de la raison dans l'ordre intellectuel.

Ils sont essentiellement distincts et jouent dans la morale le même rôle que les axiomes dans les sciences abstraites ou les premiers principes dans toutes les sciences humaines.

Il faut faire le bien; il faut éviter le mal.

La vertu doit être honorée et le vice méprisé.

Le dévouement, le désintéressement sont des vertus; le vol, la fraude sont des vices.

Voilà des vérités premières de l'ordre moral aussi évidentes que les jugements primitifs qui servent de base et de point de départ aux sciences exactes ou naturelles.

2. De la loi divine ou éternelle. — Les vérités éternelles subsistent en Dieu. « C'est là, dit Bossuet, que je les vois. Tous les autres hommes les voient comme moi, et tous, nous les voyons toujours les mêmes, nous les voyons être devant tous les siècles, dans une lumière supérieure à nous-mêmes. »

C'est dans cette lumière supérieure que nous voyons si nous faisons bien ou mal, c'est-à-dire si nous agissons ou non selon les principes constitutifs de notre être.

Ainsi considérées ces notions forment ce qu'on appelle la loi divine, la loi éternelle. Cette loi est en Dieu ou plutôt, comme dit encore Bossuet, elle est Dieu même. Elle fait partie de son essence et il ne peut pas plus la changer qu'il ne peut changer sa propre nature.

Il ne lui appartient pas de faire que l'observation de cette loi soit un mal et sa transgression un bien; il doit la considérer lui-même comme la souveraine raison, la souveraine vérité, la souveraine justice et la souveraine sagesse et condamner tout ce qui lui est contraire.

C'est de cette loi divine et éternelle que découle la loi naturelle.

3. De la loi naturelle. — La loi naturelle est une participation de la loi éternelle, dit saint Thomas, comme la raison qui nous fait distinguer le bien du mal est un reflet, un rayon de l'intelligence infinie qui est en Dieu. C'est la même lumière, c'est la même loi, seulement l'une considérée en Dieu qui existe de toute éternité s'appelle *éternelle*, tandis que l'autre considérée dans l'homme, né dans le temps, est appelée *naturelle*.

Les anciens ont reconnu l'existence de cette loi qui est gravée au fond de notre âme et qui ne dépend ni de notre volonté, ni de celle des autres hommes.

« Il y a, dit Cicéron, une loi conforme à la nature, commune à tous les hommes, immuable et éternelle. Ni le peuple, ni les magistrats, n'ont le pouvoir d'exempter des obligations qu'elle impose. Elle n'est point autre à Rome, autre à Athènes, ni différente aujourd'hui de ce qu'elle sera demain ; universelle, inflexible, toujours la même, elle embrasse toutes les nations et tous les siècles. Par elle, Dieu enseigne et gouverne souverainement tous les hommes ; lui seul en est le père, l'arbitre et le vengeur. »

Cette loi a été reconnue par Socrate, Aristote, Platon, Sénèque, par tous les Pères de l'Église, tous les théologiens et tous les philosophes des temps modernes et de l'antiquité.

Mais ses prescriptions se bornent à des jugements généraux qui équivalent dans l'ordre moral aux premiers principes d'où découlent toutes les connaissances humaines.

Tels sont ces préceptes : Il faut honorer Dieu.

On ne doit ni tuer, ni voler.

Il n'est pas permis de mentir.

Mais ces préceptes généraux seraient insuffisants pour régler l'homme et la société. Il faut qu'on en déduise les conséquences qu'ils renferment et qu'on en fasse l'application spéciale aux divers besoins des nations et des individus.

C'est ce que font les lois positives.

4. Des lois positives divines. — On appelle lois positives, les lois particulières que font les législateurs.

On distingue deux sortes de lois positives : les lois positives divines et les lois positives humaines.

Dieu ne s'est pas borné à graver dans le cœur de l'homme la loi naturelle, il y a ajouté des lois particulières pour mieux préciser à nos ancêtres ce qui leur était défendu et ce qui leur était permis.

Il a promulgué ces lois à trois époques différentes conformément aux différents états de l'humanité.

Il y a eu la loi de nature que les patriarches ont suivie avant Moïse ; la loi mosaïque qui a été donnée aux Juifs sur le mont Sinaï, et la loi évangélique que

Jésus-Christ a apportée au monde et dont la morale est beaucoup plus élevée et plus parfaite.

Elle ne s'adresse pas comme la loi mosaïque à un seul peuple, mais elle est obligatoire pour toutes les nations à mesure qu'elle leur est annoncée.

Sa durée n'est pas limitée comme celle de la loi ancienne ; elle doit exister autant que l'Église à qui elle a été donnée et par conséquent elle embrasse tous les siècles.

5. Des lois positives humaines. Des lois ecclésiastiques et des lois civiles. — Les lois positives humaines sont de deux sortes : les *lois ecclésiastiques* et les *lois civiles*.

Comme on distingue dans les nations la société civile et la société religieuse, de même il y a deux sortes de lois répondant à ce double caractère de l'autorité qui gouverne les individus.

Les *lois ecclésiastiques* sont celles qui émanent de l'Église et qui ont pour objet les intérêts religieux qui lui sont confiés.

Les *lois civiles* sont celles que publient ceux qui sont à la tête des nations. Elles ont pour but les intérêts généraux de l'État et les intérêts particuliers de chacun de ses membres.

Ces lois ne sont pas universelles et immuables comme la loi naturelle. Elles sont au contraire spéciales et, pour être utiles, il faut qu'elles soient en rapport avec le caractère et les mœurs du peuple auquel elles s'appliquent. C'est pour ce motif qu'elles varient avec les nations et les législateurs.

Les lois que Solon fit pour les Athéniens ne devaient pas être les mêmes que celles que Lycurgue avait faites pour les Spartiates.

Il faut aussi que le législateur s'inspire de la différence des temps et des lieux. Les établissements de saint Louis, qui étaient de sages règlements pour les corporations d'ouvriers au moyen âge, ne conviendraient pas dans les temps actuels.

Les lois sont perfectibles comme les sociétés humaines. Elles doivent suivre le mouvement de la civilisation et en activer autant que possible les progrès.

6. Des qualités que doivent avoir les lois humaines. — D'après saint Thomas, les lois humaines doivent être justes et honnêtes, imposées à tous par ceux qui ont le droit de commander, inspirées par l'intérêt général et promulguées par qui de droit.

1° Pour être juste, il faut que la loi soit raisonnable, qu'elle tienne compte des intérêts de chacun et qu'elle soit proportionnée aux forces de ceux qui doivent la suivre. On n'impose pas à des enfants les mêmes charges qu'à des hommes mûrs, et on ne doit pas exiger des individus ce qu'ils ne peuvent pas faire.

2° La loi est honnête quand elle ne se trouve en contradiction ni avec la loi naturelle, ni avec la loi divine. Le législateur n'a pas une autorité souveraine; il y a au-dessus de lui des principes qu'il doit reconnaître et qu'il ne peut pas détruire.

On aurait beau inscrire dans le Code que le parjure est permis, il n'en serait pas moins abominable.

S'il plaisait à un souverain de décréter que le meurtre, le parricide sont permis, ces crimes n'en seraient pas moins horribles.

3° La loi doit être imposée à tous par ceux qui ont le droit de commander. Les simples particuliers n'ont pas le droit de légiférer.

Pour faire des lois il faut être revêtu d'une autorité reconnue. Le père de famille peut soumettre ses enfants à certaines règles dans l'intérêt de sa maison.

A la tête des États le pouvoir de légiférer appartient au souverain seul ou aux représentants de la nation suivant la constitution du pays.

4° La loi n'oblige qu'autant qu'elle est promulguée, c'est-à-dire régulièrement portée à la connaissance de ceux qu'elle concerne. On ne peut être tenu d'observer une loi qu'on ne connaît pas.

5° La loi faite, si elle n'est en opposition avec aucun droit, ni aucune autorité supérieure à celui qui l'a rendue, elle devient obligatoire.

7. Des devoirs. — Les devoirs sont les obligations que la loi morale nous impose.

Ceux qui nous sont imposés par la loi naturelle sont absolus, universels. Ils sont applicables à tous les hommes, dans tous les temps et tous les lieux, personne n'en peut dispenser.

Il n'en est pas de même de ceux qui résultent des lois positives, qui peuvent au contraire varier suivant les circonstances. Ceux qui ont fait ces lois peuvent en dispenser.

La loi naturelle et les lois écrites sont loin, comme le remarque M. Janet, d'embrasser tout le domaine de la loi morale. Combien d'actions condamnables échappent et doivent échapper nécessairement à l'action de la loi civile, ce sont : 1° Toutes celles qui se passent dans ce qu'on appelle *le for intérieur*, c'est-à-dire dans la conscience même, comme les mauvais désirs, les mauvaises pensées, l'hypocrisie, la dissimulation, etc. ; 2° celles qui ne sortent pas de la vie privée, où la loi doit intervenir le moins possible, pour ne pas soumettre les citoyens à une inquisition odieuse et arbitraire; 3° celles qui ne touchent pas à l'ordre public, quoiqu'elles soient réprouvées par la conscience universelle; par exemple l'ingratitude, l'égoïsme, la lâcheté, la gourmandise, etc.

Les devoirs varient quant à la matière, puisqu'il y a un certain nombre de choses défendues ou commandées, mais ils ne varient pas quant à la forme. Il n'y a pour tous qu'une forme qui est l'obligation elle-même.

Le devoir soumet l'homme à une puissance supérieure à lui, et l'oblige à lui obéir.

Le droit est l'expression de cette puissance.

8. Des droits. — On peut définir le droit le pouvoir légitime de faire ou d'exiger certaines choses.

Le droit et le devoir sont deux idées corrélatives.

L'obligation morale d'où résulte le devoir est une conséquence de notre liberté et n'a rien de commun avec la contrainte physique.

De même le pouvoir moral qui représente le droit est tout à fait différent de la force ou de la puissance physique.

Ces deux choses peuvent être opposées. La force peut exister sans le droit, comme quand un assassin tue un enfant; le droit peut exister sans la force, comme quand un malheureux défend sa propriété contre un voisin tout-puissant qui abuse de sa position : mais le droit peut aussi être uni à la force et se trouver dans la même main; comme il arrive pour le père de famille qui a autorité sur ses enfants.

Faire dépendre le droit de la force, comme le supposent Hobbes et Proudhon, c'est anéantir le droit lui-même.

9. Des différentes sortes de droits. — On distingue le droit individuel et le droit social.

Le droit individuel appartient à tous les hommes; il découle de notre liberté.

Je suis libre et par là même je forme une personne morale, maîtresse de ses actions.

J'ai droit à la vie et à la jouissance du fruit de mon travail. J'ai droit à la propriété que j'ai acquise à la sueur de mon corps, on ne peut m'en dépouiller. J'ai droit à ma liberté; personne ne peut me réduire en esclavage.

Les autres hommes sont obligés de respecter mes droits; par conséquent au droit des uns correspond le devoir des autres.

Nos droits sont limités par nos devoirs. Ainsi que je casse ma vaisselle, que je brise les vitres de mes fenêtres, on ne me traduira pas pour cela devant les tribunaux, puisque je n'aurai fait de tort à personne, mais je n'en aurai pas moins fait moralement une mauvaise action. Je dois me reprocher ces actes comme une chose déraisonnable, parce que je me suis manqué à moi-même en les faisant.

Le droit social est le pouvoir de commander dont sont investis ceux qui exercent une autorité quelconque. Le chef d'un État, un général à la tête de ses troupes, un magistrat dans une ville, un père de famille ont le droit de commander et leurs subordonnés sont tenus de leur obéir.

Dans toute société, commander et obéir sont les deux conditions essentielles de l'existence. Le droit individuel et le droit social sont tous les deux nécessaires; le premier représente la liberté et le second l'autorité.

L'autorité sans la liberté, c'est le despotisme avec toutes ses affreuses conséquences; la liberté sans l'autorité, c'est l'anarchie avec tous ses désordres.

Une constitution d'État qui réussirait à harmoniser ces deux puissances en les limitant l'une par l'autre dans une juste mesure serait la constitution la plus parfaite.

10. Des diverses sanctions de la loi morale. — L'ordre public est la première condition de tranquillité pour les sociétés comme pour les individus.

Mais l'ordre public n'est possible qu'autant que la loi est respectée.

Pour que la loi soit respectée, il faut qu'elle soit obligatoire, et elle ne peut être obligatoire qu'autant qu'elle a une sanction, c'est-à-dire qu'il y a des récompenses pour ceux qui l'observent et des peines pour ceux qui la transgressent.

Les diverses sanctions de la loi morale ici-bas sont : 1° La sanction naturelle ; 2° la sanction légale ; 3° la sanction de l'opinion ; 4° la sanction de la conscience.

1° La sanction naturelle est celle qui résulte des conséquences physiques de nos actions. Ainsi l'intempérance ruine le corps, la colère trouble le cerveau et fait faire des actes insensés, le jeu, la paresse anéantissent la fortune et amènent la misère.

Mais cette sanction est très restreinte. Il y a une foule de fautes qui n'atteignent que l'âme et qui n'ont pas d'effets corporels. D'ailleurs ces effets ne sont dus qu'à des excès qu'on peut éviter en atténuant la faute par la modération et la prudence.

2° La sanction légale est celle qui vient de la justice humaine. Le Code pénal édicte des peines contre ceux qui transgressent les lois.

Mais la justice humaine ne peut réprimer que les

délits et les crimes extérieurs. Toutes les autres fautes ne sont pas de son ressort.

Elle punit le vice, mais elle ne récompense pas la vertu et elle est loin d'être infaillible dans ses arrêts. Elle condamne quelquefois l'innocent et plus souvent elle absout le coupable.

3° La sanction de l'opinion a plus d'étendue, mais elle n'est pas beaucoup plus sûre. C'est de l'opinion que dépend la réputation. L'homme est estimé ou méprisé suivant l'idée qu'on se fait généralement de sa probité et de sa vertu.

L'opinion s'étend à un certain nombre de faits qui ne relèvent pas des tribunaux. Mais elle n'atteint pas les fautes secrètes et elle ne juge que par conjecture des pensées et des intentions.

On a dit qu'elle était la reine du monde, mais cette reine est souvent capricieuse et n'est pas toujours exacte dans ses appréciations. Elle rend le duel obligatoire; elle se montre souvent indulgente pour les fautes très graves et ne se rend pas compte de ce qu'il y a de vertu dans certains actes de dévouement et de sacrifice qu'elle ne comprend pas.

4° La sanction de la conscience est sans contredit la meilleure. Mais elle est encore insuffisante. Elle encourage l'homme au bien par la satisfaction intérieure qu'elle lui fait éprouver et le détourne du mal par la violence des remords. Malheureusement ces sentiments se faussent et s'émoussent, à mesure que l'homme se familiarise avec le mal et qu'il en prend l'habitude.

Les plus grands criminels qui devraient être les plus tourmentés par le remords finissent par ne plus le sentir. Ils boivent l'iniquité comme l'eau, dit l'Ecriture, et on a vu des assassins dormir d'un sommeil tranquille à côté du cadavre de leur victime.

11. Nécessité de la sanction divine. Dieu principe et fin de la loi. — Il faut donc recourir à Dieu pour trouver la vraie sanction de la loi morale. Lui seul voit toutes nos fautes, et lui seul les juge avec vérité.

En ce monde il punit quelquefois le coupable; mais souvent il le laisse jouir à sa façon du fruit de ses scandales et de ses rapines.

Il attend au delà de cette vie et c'est alors qu'il juge tous les hommes et qu'il les punit et les récompense selon leurs œuvres.

Dieu est ainsi la fin de la loi morale comme il en est le principe.

C'est des vérités éternelles qui sont en lui que partent toutes les lois, c'est de sa sagesse que vient leur sagesse et c'est sur son autorité que repose le caractère obligatoire qui fait leur force.

C'est à lui qu'elles se rapportent comme à leur fin, parce que c'est en lui qu'elles trouvent leur sanction.

Nous les respectons parce que nous savons qu'elles sont l'expression de sa volonté et quand nous les transgressons, la conscience nous le reproche, parce que nous savons qu'en leur manquant, nous manquons à Dieu même.

CHAPITRE IV

De la conscience.

1. Définition de la conscience. — La conscience morale, est la faculté que nous avons de juger de la bonté ou de la malice de nos actions.

1*

La loi est la règle de nos actions. C'est la loi qui nous fait connaître ce qui est permis et ce qui est défendu.

La loi naturelle que nous avons en nous-mêmes nous découvre les bases fondamentales de l'ordre moral, en nous faisant voir avec évidence la distinction essentielle du bien et du mal.

La conscience ne juge pas des vérités générales, mais elle nous dit ce que nous devons faire dans les circonstances où nous nous trouvons. Son jugement est un jugement essentiellement pratique.

2. **Des rapports qui unissent la conscience à l'intelligence et à la volonté et de la distinction de ces trois facultés.** — La conscience, dit M. de La Luzerne, n'est ni l'intelligence, ni la volonté; mais elle participe de toutes les deux. Elle a de commun avec l'intelligence qu'elle forme comme elle des jugements moraux; elle en diffère en ce que les jugements de l'intelligence sont généraux et portent sur l'universalité de nos devoirs, au lieu que ceux de la conscience sont relatifs aux devoirs spéciaux de l'occurrence présente.

C'est l'intellect, c'est l'entendement, et non la conscience, qui m'enseigne que je ne dois point nuire à autrui; mais c'est la conscience et non l'intellect qui me dicte que je dois m'abstenir de telle action, par laquelle je me rendrais coupable en faisant tel tort au prochain.

La conscience est, comme la volonté, une faculté pratique; elle a de même pour objet l'action particulière à faire actuellement; mais elle commande l'action et la volonté l'exécute. Elle dicte à la volonté ce qu'elle doit faire, mais elle ne l'y contraint pas; et,

sans l'astreindre par la nécessité, elle lui impose
l'obligation.

Ainsi placée entre l'intelligence et la volonté, la
conscience suit l'une et précède l'autre. Elle reçoit de
l'intelligence les préceptes généraux, qu'elle particu-
larise, qu'elle adapte à la circonstance présente et
qu'elle transmet avec empire à la volonté.

8. Du tribunal de la conscience. — La conscience
ne se borne pas à indiquer à la volonté la détermination qu'elle doit prendre; elle est encore un juge
qui condamne ou qui absout.

Comme les tribunaux civils ou criminels, la conscience applique aux cas particuliers qui lui sont
soumis les prescriptions générales de la loi. Comme
eux, elle en interprète les dispositions et en fixe le
sens. Comme eux, elle fait exécuter la loi et punit
ceux qui la transgressent. Tout ce que nous voyons
dans les tribunaux humains, nous le trouvons dans
son tribunal, avec cette différence qu'elle exerce elle-
même les fonctions que les tribunaux attribuent à
des agents différents.

Ainsi elle est tout à la fois l'accusateur, le témoin,
le juge et l'exécuteur.

Accusateur universel, la conscience poursuit toutes
les fautes, de quelque nature qu'elles soient; elle les
poursuit partout et jusque dans la pensée; elle les
poursuit dans tous les hommes et dans tous les
temps; il n'est pas possible de lui imposer silence.

Témoin véridique, exact, rigoureux, elle oppose
sans cesse au coupable son redoutable témoignage.
Que sert au scélérat d'avoir su cacher son crime à ses
semblables, s'il en est convaincu par la déposition
perpétuelle de sa conscience? Caïn fuit en vain après

son fratricide; il ne peut se soustraire à la voix de sa conscience qui lui remet à tout moment son crime sous les yeux.

Juge éclairé et sévère, aucun délit, aucune bassesse ne peut se dérober à sa vigilance, aucune faute échapper à ses arrêts.

Bourreau impitoyable, la conscience place dans le cœur du coupable qu'elle a condamné le remords qui troublera toute sa vie, qui empoisonnera tous ses plaisirs, et dont il ne pourra se défaire qu'en obtenant, s'il le peut, le pardon de ses fautes. Les anciens l'avaient personnifié dans les furies ou les Euménides qui tourmentaient le coupable, en le déchirant de leurs fouets sanglants et en allumant dans ses membres au moyen de leurs torches enflammées un feu inextinguible et dévorant.

4. De l'innéité de la conscience. — Ce tribunal intérieur nous est inné. La conscience fait partie de notre nature comme toutes nos autres facultés. Ainsi comme nous naissons avec la faculté de sentir, de juger, de raisonner et de discerner si une chose est vraie ou fausse, de même nous venons tous au monde avec la faculté de juger si une action est bonne ou mauvaise.

La conscience, dit Kant, n'est pas quelque chose que l'on peut acquérir, et il n'y a pas de devoir qui prescrive de se la procurer; mais tout homme, comme être moral, la porte originairement en lui. Dire qu'on est obligé d'avoir de la conscience reviendrait à dire qu'on a le devoir de reconnaître des devoirs. La conscience est un fait inévitable et non une obligation, un devoir. Quand on dit qu'un homme n'a pas de conscience on veut dire qu'il ne tient aucun compte de ses arrêts, car s'il n'en avait réellement pas, il ne s'imputerait aucune action conforme au devoir et ne s'en reprocherait aucune comme lui étant contraire. Le *manque* de conscience n'est pas l'*absence* de la conscience, mais un penchant à ne tenir aucun compte de son jugement.

La conscience, étant un des attributs essentiels de notre nature, participe par là même aux imperfections de toutes nos facultés. Bien loin d'être infaillible, comme Rousseau le prétend dans une déclaration dithyrambique qu'il a écrite en son honneur, la conscience, comme la raison, peut être embarrassée ou faussée par la lueur trompeuse d'un sophisme et tomber dans l'erreur.

C'est ce qui fait qu'elle varie avec les individus et que ses prescriptions les plus sincères ne sont pas toujours les mêmes.

5. Des différents états de la conscience et de ses divers caractères. — Ainsi suivant ses divers états et ses différents caractères, on distingue plusieurs sortes de conscience : 1° La conscience droite ou vraie, 2° la conscience fausse ou erronée, 3° la conscience certaine, 4° la conscience douteuse, 5° la conscience large ou relâchée, 6° la conscience étroite ou scrupuleuse, 7° la conscience éclairée, 8° la conscience ignorante.

1° La conscience *droite* ou *vraie* est celle dont le jugement est conforme à la loi. La conscience droite nous montre les choses comme elles sont. Elle nous commande ce qui est de précepte et nous laisse libres à l'égard de ce qui est de conseil; elle nous défend strictement ce qui est positivement défendu et elle nous permet ce qui est permis.

Elle est vraie parce que par là même que son jug[
ment est conforme à la loi, il est conforme à la véri[
Si elle dit qu'une chose est bonne ou licite, c'[
qu'elle l'est en effet, et quand elle dit qu'une cho[
est mauvaise et défendue, c'est qu'elle l'est réell[
ment.

2° La conscience *fausse* ou *erronée* est celle q[
juge qu'une chose est bonne, lorsqu'elle est mauvai[
et réciproquement, ou qui se trompe sur le degré [
bonté ou de malice de l'action.

Cette conscience prend le mal pour le bien, [
regarde une faute grave comme légère, ou une fau[
légère comme grave.

Elle nous induit ainsi en erreur. Telle est la con[
cience qui présente le mensonge comme licite, lor[
qu'il a pour but d'être utile à quelqu'un, ou q[
prescrit de faire un moindre mal pour en éviter un pl[
grand, ou qui suppose que la fin justifie les moyen[
Jacques Clément a pu croire qu'en assassinant Henri I[
il sauvait l'Etat ; mais il a obéi à une conscien[
erronée parce qu'il n'est pas permis de commettre [
crime, pour qu'il en arrive un bien quelconque.

3° La conscience *certaine* est celle dont le jugeme[
repose sur des motifs assez forts pour ne laiss[
aucun doute sur la bonté et la malice de l'action.

Ces motifs peuvent être plus ou moins nombreu[
plus ou moins puissants considérés en eux-mêm[
mais du moment qu'il n'y a pas d'hésitation da[
l'esprit et que le devoir se manifeste, on est tenu de [
remplir.

4° La conscience *douteuse* est celle qui demeure [
suspens en présence de deux ou de plusieurs sen[
ments contraires, sans pouvoir se déterminer po[
l'un plutôt que pour l'autre, parce qu'elle se trouve [

face de raisons pour ou contre qui lui semblent à peu près d'égale force.

Le doute peut porter ou sur le droit ou sur le fait.

Il porte sur le droit quand on n'est pas certain de l'existence de la loi, ou du sens précis qu'on doit y attacher.

Il porte sur le fait lorsqu'on ne voit pas clairement si l'action qu'il s'agit de faire est commandée par la loi ou défendue.

Si le doute a pour objet l'existence de la loi, on pense généralement que l'on n'est pas tenu d'en suivre les prescriptions, parce que, dit-on, dans ce cas la loi n'est pas suffisamment promulguée pour celui qui n'en connaît pas clairement l'existence; par conséquent une loi douteuse n'a pas plus d'effet que si elle n'existait pas.

Quand le doute se rapporte à la nature morale de l'action, on ne doit pas agir dans cet état d'incertitude. Il faut chercher à s'éclairer, former de son mieux sa conscience et se décider pour ce qui paraît le meilleur.

Celui qui agit ainsi avec bonne foi peut être tranquille. Car quelle que soit la valeur morale de son action, par là même qu'il a fait ce qu'il a jugé devoir faire il n'a rien à se reprocher.

5° La conscience *large* est une conscience erronée qui est portée à diminuer avec trop de facilité le nombre, l'étendue et l'importance des devoirs. Elle devient *relâchée* quand elle regarde comme permis ce qui ne l'est pas, ou comme légères des fautes qui sont graves.

Ils ont la conscience relâchée ceux qui mentent à tout propos, se faisant un jeu de leurs paroles et de leurs engagements; ils ont la conscience relâchée, ceux qui lisent de mauvais livres ou des publications

périodiques dangereuses ; ils ont la conscience relâchée
les marchands qui trompent le public sur la valeur
et la qualité de leurs marchandises sous prétexte que
leurs concurrents font de même.

6° La conscience *étroite* est celle qui s'attache à une
foule de pratiques ou d'usages sans importance et qui
multiplie les devoirs et les exagère.

C'est ce que faisaient les Pharisiens. Ils ajoutaient
à la loi une foule d'observances qui la rendaient impra-
ticable. « Vous en faites un fardeau, leur dit le Seigneur, qu'on ne peut porter. » (Matth., XXIII, 4.)

Ces pratiques en apparence très austères ne ser-
vaient qu'à dissimuler leurs vices. « Hypocrites, ajoute
Jésus-Christ, vous ressemblez à des sépulcres blanchis
qui paraissent magnifiques et éclatants au dehors et
qui ne renferment au dedans que des ossements et de
la corruption. » (Matth., XXIII, 27.)

La conscience étroite devient *scrupuleuse* quand elle
rend l'esprit anxieux sans motif suffisant.

Le scrupule est une peine, une inquiétude de conscience, une vaine appréhension qui fait regarder
comme une faute ce qui n'en est pas une, ou comme
une faute grave une faute très légère.

Le scrupule suppose en général une certaine délicatesse du sentiment ; il est plus honorable que le
relâchement. Mais il n'en est pas moins une maladie
de l'esprit qui fausse parfois étrangement la conscience.

Ainsi il n'est pas rare de voir des gens scrupuleux
qui s'alarment pour des bagatelles et qui laissent
passer sans s'en émouvoir des fautes graves. « Ils
rejettent le moucheron, dit encore l'Évangile, mais
ils avalent le chameau. » (Matth., XXIII, 24.)

7° La conscience *éclairée* est celle qui voit les

choses comme on doit les voir. Elle évite les excès ; elle n'est ni étroite ni trop large, ni scrupuleuse ni relâchée, mais elle choisit le point intermédiaire où, d'après Aristote et saint Thomas d'Aquin, se trouve la vertu.

Cette conscience n'est pas le privilège des savants. Elle se rencontre dans toutes les âmes franches et pures qui jugent leurs actions sans préjugé et sans prévention.

8° La conscience *ignorante* est celle qui est dépourvue de lumière. Il y a de la différence, dit Bossuet, entre ignorance et erreur. Errer c'est croire ce qui n'est pas ; ignorer, c'est simplement ne pas savoir. L'ignorance est un état purement négatif.

L'ignorance est volontaire ou involontaire.

Quand elle est volontaire elle aggrave la faute. Car celui qui ne veut pas connaître la loi pour pécher plus librement a la volonté essentiellement perverse. Il se voue au mal pour le plaisir de le faire. Si l'ignorance est involontaire, il faut examiner si elle est vincible, ou si elle ne l'est pas.

Celui qui peut sortir de ces ténèbres par des moyens qui sont à sa disposition est tenu de les employer. Autrement son ignorance devient volontaire, par conséquent coupable.

Mais quand l'ignorance est involontaire et invincible elle exempte complètement de la faute. Le sauvage qui n'a que les premières notions de la loi naturelle commet une foule de crimes qui ne lui sont pas imputables, parce qu'il ne sait pas que ce qu'il fait est défendu.

6. De l'éducation et de la formation de la conscience. — Ces divers caractères de la conscience prouvent que cette faculté a besoin d'être formée et développée comme toutes nos autres facultés.

Elle est dans l'enfant à l'état latent comme la raison ; il faut que l'instruction et l'éducation la tirent de ce sommeil.

Pour l'en tirer il faut d'abord éclairer son intelligence en lui faisant connaître ce que l'on doit faire et ce que l'on ne doit pas faire, ce qui est permis et ce qui est défendu.

A mesure qu'il grandit, on doit l'initier aux devoirs qu'il a à remplir.

Il importe que sa mère et ceux qui l'entourent l'habituent de bonne heure à ne jamais mentir, à se montrer reconnaissant et affectueux envers ceux qui lui témoignent de l'intérêt et de l'amitié, à témoigner du respect à ses parents, aux personnes âgées et à tous ceux qui sont revêtus d'une dignité quelconque, à être obéissant et soumis, à craindre et à aimer Dieu et à le prier souvent.

L'enfant est tout à la fois observateur et imitateur. Les exhortations, les conseils sont utiles, mais l'exemple est bien supérieur aux paroles. Il faut donc avoir soin de ne lui donner que de bons exemples. Chacun doit surveiller en sa présence ses actes et ses paroles et le traiter toujours avec le plus grand respect.

Il est nécessaire pour le même motif d'éloigner de lui les sociétés mauvaises, de faire attention à ses conversations et à ses lectures et de le préserver ainsi de l'ombre même du mal.

Une éducation soignée donne à l'homme une conscience délicate et droite, qui lui évite les erreurs dans lesquelles tombe la conscience fausse, les perplexités qui fatiguent la conscience douteuse, le défaut de considération qu'entraîne la conscience relâchée, et les petitesses ennuyeuses qui résultent d'une conscience étroite et scrupuleuse.

7. Du sens moral. — La conscience développée acquiert une sorte d'intuition qui lui fait juger la moralité des actes, comme nous jugeons au moyen de nos sens les qualités des objets extérieurs. Nous donnons à cet espèce d'instinct le nom de *sens moral*.

Le sens moral dépend de la perfection des individus. Il est très sûr et très délicat chez les personnes vertueuses. Elles n'écartent pas seulement les transgressions plus ou moins graves de la loi, mais elles saisissent les convenances sociales avec une finesse de tact qui rend toujours leurs procédés aussi gracieux que bienveillants.

A mesure que la conscience s'altère, le sens moral s'affaiblit. Il s'oblitère même complètement chez les grands coupables. On dit qu'ils ont perdu le sens moral, parce qu'ils font le bien et le mal avec la plus complète indifférence, et qu'ils n'éprouvent plus à l'occasion des actions qu'ils font ni satisfaction, ni remords. Ils n'ont souci que de leurs effets matériels, mais ils ne s'occupent nullement de leurs conséquences morales.

Dans l'homme de bien au contraire, le sens moral produit chaque jour des satisfactions plus vives et plus profondes. C'est là qu'il puise la force qui lui permet de triompher de tous les obstacles qu'il rencontre, de toutes les tentations qui viennent l'assaillir.

S'il a le malheur de s'oublier et de commettre une faute, le remords ne lui laisse plus aucun repos. A ce sentiment pénible, se joint le regret de sa mauvaise action, et le regret amène la résolution de ne plus la

commettre. Remords, regret et ferme propos constituent le repentir, et le repentir obtient le pardon.

8. De l'autorité de la conscience. — Mais quelles
que soient les vicissitudes de la conscience, elle doit
régner en reine sur la volonté. Quand nous sommes
obligés d'agir nous n'avons pas et nous ne pouvons pas
avoir d'autre règle que cette lumière intérieure. « Conscience, conscience, s'écrie Rousseau, instinct divin,
immortelle et céleste voix; guide assuré d'un être
ignorant et borné, mais intelligent et libre; juge
infaillible du bien et du mal, qui rend l'homme semblable à Dieu. »

Ce juge n'est point infaillible, ce guide n'est pas
assuré, puisque nous avons vu que la conscience peut
être erronée et douteuse. Mais en tout état de cause
nous devons lui obéir, parce que si nous nous mettons
en opposition avec elle, nous vicions par là même
notre action. Car du moment que nous faisons une
chose que nous croyons mauvaise, nous sommes
coupables.

Aussi quand un homme veut se justifier, il ne peut
pas invoquer de témoignage plus puissant que celui
de sa conscience. Et du moment qu'on est sûr qu'il a
agi consciencieusement, loin de lui faire le moindre
reproche, on le loue et on l'estime. Le plus grand
éloge qu'on puisse faire de quelqu'un, c'est de dire
qu'il est consciencieux.

La conscience étant l'autorité souveraine que nous
sommes obligés de suivre, on voit combien il importe
de l'éclairer et de la bien former, en étudiant dans le
détail les devoirs que la morale pratique nous impose.

DE LA MORALE PRATIQUE

DIVISION GÉNÉRALE

La morale pratique a pour objet, comme nous l'avons dit (pag. 5), l'étude de la loi morale considérée dans ses différentes applications. Elle traite des devoirs particuliers que nous avons à remplir dans les diverses circonstances de la vie.

On distingue ordinairement ces devoirs en trois classes :

1. Les devoirs de l'homme envers ses semblables;

2. Ses devoirs envers lui-même;

3. Ses devoirs envers Dieu.

Nos devoirs envers nos semblables sont de trois sortes :

1° Les devoirs envers la famille, ou les devoirs domestiques;

2° Les devoirs envers la société en général ou les devoirs sociaux;

3° Les devoirs envers la patrie, ou les devoirs civiques.

Les devoirs de l'homme envers lui-même sont :

Les devoirs personnels.

LES DEVOIRS DE L'HOMME ENVERS DIEU sont :

Les devoirs religieux.

Pour nous conformer à l'ordre indiqué par le programme nous traiterons donc successivement :

1° **Des devoirs domestiques;**

2° **Des devoirs sociaux;**

3° **Des devoirs civiques;**

4° **Des devoirs personnels;**

5° **Des devoirs religieux.**

PREMIÈRE PARTIE

DES DEVOIRS DOMESTIQUES.

Les devoirs domestiques comprennent :

1° Les devoirs des enfants envers les parents ;
2° Les devoirs des parents envers les enfants ;
3° Les devoirs des frères et des sœurs, c'est-à-dire des enfants entre eux.

Mais pour bien comprendre ces trois sortes de rapports, il est nécessaire de se faire auparavant une juste idée de la famille qui est le centre auquel tous ces devoirs se rapportent.

CHAPITRE PREMIER

De l'institution de la famille. Des devoirs des parents entre eux. L'esprit de famille.

1. Origine de la famille. — La famille comprend le père, la mère et les enfants.

Son origine est naturelle et divine.

L'homme vient au monde dénué de tout. « Il est déposé nu sur la terre nue, » dit Pline. Il naît avec de grandes aptitudes, mais au début de son existence elles sont toutes à l'état latent.

Il est de tous les animaux celui qui est le plus longtemps incapable de se suffire. Si l'enfant était livré à lui-même il ne saurait pas se faire vivre. Il faut que l'on pourvoie à sa nourriture et qu'on le protège pendant plusieurs années contre l'intempérie des saisons.

Il ne vit donc que par sa mère ou par les personnes qui la remplacent.

La femme a besoin de son côté de l'appui et de la protection de son mari. Il faut que la force de l'homme vienne en aide à sa faiblesse et qu'il la soutienne surtout au moment où elle remplit ses devoirs maternels.

D'où il suit que la propagation de l'espèce humaine repose sur l'union de l'homme, de la femme et des enfants.

La famille est donc une conséquence naturelle des conditions dans lesquelles l'homme a été créé.

Dieu étant l'auteur de ces conditions dont il a fait une des lois fondamentales de notre existence, on peut dire qu'il est par là même l'auteur de la famille et que par conséquent elle est d'origine divine.

2. Du mariage. — Mais pour que la famille remplisse sa mission, il faut qu'elle soit fortement constituée.

Le mariage a été institué par Dieu pour la consolider et la perpétuer au milieu de toutes les vicissitudes de la vie humaine.

Le mariage considéré en lui-même est un contrat naturel et sacré par lequel un homme et une femme s'unissent d'une manière stable pour former ensemble une famille.

Chez les Juifs et les infidèles, avant Jésus-Christ, le mariage n'était qu'un contrat naturel accompagné de certaines cérémonies religieuses.

Le Christ a voulu faire de la famille une chose

sainte et sacrée. Il a élevé le mariage dans ce but à la dignité d'un sacrement. Jésus-Christ, dit le concile de Trente, nous a mérité par sa passion une grâce qui perfectionnât l'amour naturel des époux l'un pour l'autre, affermit leur union indissoluble et sanctifiât les époux eux-mêmes.

Le mariage est ainsi devenu en Jésus-Christ et dans l'Église un grand sacrement.

3. Des devoirs qu'il impose : fidélité, affection réciproque, dévouement. — Le mariage impose à ceux qui le contractent trois grandes obligations : la *fidélité*, l'*affection réciproque* et le *dévouement*.

1° La *fidélité* est un devoir capital qui s'impose également à l'homme et à la femme. « Que si une promesse est sacrée, dit M. Janet, quand il s'agit des biens matériels (par exemple une dette de jeu), combien plus sacrée est la promesse des cœurs et du don réciproque de l'âme à l'âme qui fait la dignité du mariage ! »

Dans l'ancienne loi, sous les Juifs, l'infidélité conjugale était mise au nombre des trois crimes les plus grands. Elle était placée à côté de l'homicide et de l'idolâtrie et elle était punie de mort.

Parmi nous, la loi civile n'a pas la même dureté que les lois anciennes ; mais elle flétrit très sévèrement celui qui manque sous ce rapport à ses devoirs.

2° L'*affection réciproque* a dû être le motif de l'union des époux, plutôt que l'intérêt. A mesure qu'ils avancent dans la vie, cette affection doit grandir et se fortifier. Leurs efforts ont le même but, ils travaillent pour leur bonheur mutuel et pour celui de leurs enfants. Cette lutte de tous les instants les pénètre d'estime l'un pour l'autre, et habitués à parlager constamment leurs succès et leurs revers, ils arrivent à ne faire de leur vie qu'une seule vie et à jouir de l'union la plus intime et la plus profonde.

4° Le *dévouement* est l'effet tout naturel de l'affection. Quand on s'aime on est disposé à se sacrifier l'un pour l'autre. Seulement ce sacrifice revêt un caractère différent suivant la fonction des individus. Le mari se dévoue pour sa femme et ses enfants par l'intelligence et le travail, la femme par le cœur et ces mille petites attentions qui prouvent qu'elle ne songe qu'aux moyens d'être utile et agréable à ceux qui l'entourent. Elle est la Providence de la maison ; rien ne fatigue et ne décourage sa sollicitude.

4. De l'unité du mariage. Monogamie. Polygamie. — Parmi nous, d'après les lois ecclésiastiques et civiles, le mariage est un, c'est-à-dire qu'il consiste dans l'union d'un seul homme avec une seule femme. C'est la *monogamie*.

C'est la forme la plus parfaite de la famille ; aussi ne se trouve-t-elle que dans les nations dont la civilisation est la plus avancée.

Dans les temps primitifs on trouve la *polygamie*, c'est-à-dire un seul homme pour plusieurs femmes.

Avant l'établissement de la loi de Moïse, dans l'état de nature, les patriarches furent polygames. Abraham eut trois femmes : Sara, Agar et Céthura. Jacob en eut quatre ; deux femmes du premier ordre, Lia et Rachel, et deux femmes du second ordre, Bala et Zelpha.

Aujourd'hui la polygamie existe encore chez les Musulmans et dans un très grand nombre de nations païennes et sauvages.

Il est évident que ce régime est contraire à la

dignité de la femme et à l'éducation des enfants. La femme n'est plus l'égale de l'homme, elle devient le jouet de ses caprices, se disputant avec plusieurs autres son affection sans espoir de la captiver. Cette dépendance la livre à la brutalité de son mari et tarit en elle cette fierté et cette délicatesse qui honorent la femme que l'homme traite comme un autre lui-même.

Les enfants sont tous, à la vérité, issus d'un même père, mais comme ils ne sont pas de la même mère, il en résulte entre eux des rivalités et des jalousies qui troublent l'union et la paix de la famille.

5. De l'indissolubilité du mariage. — Le catholicisme veut en outre que le mariage soit indissoluble, c'est-à-dire que l'union que l'homme et la femme ont contractée par le mariage ne puisse être rompue que par la mort de l'un ou de l'autre.

L'indissolubilité n'a pas toujours été une des conditions du mariage.

Dans les temps anciens le mari avait le droit de répudier sa femme et d'en prendre une autre. C'est ce qu'on appelle le divorce.

A Rome, à la fin de la République, l'exercice de ce droit était à peu près arbitraire.

Chez les Juifs, Moïse avait permis le divorce, mais il avait déterminé les cas où le mari pourrait faire usage de ce droit. C'était une concession qu'il avait faite, dit l'Évangile, à la dureté de cœur des Juifs qui n'auraient pas été capables de supporter une loi plus parfaite.

En élevant le mariage à la dignité d'un sacrement, Jésus-Christ l'a rendu indissoluble. Si le divorce est permis dans quelques pays chrétiens et parmi les infidèles, l'Église catholique le condamne.

6. Du divorce. — L'expérience a démontré que l'indissolubilité du mariage était nécessaire à la famille. Du moment que les époux savent qu'ils peuvent se séparer, l'intimité de leur union est considérablement affaiblie.

Cette pensée que l'engagement qu'on va prendre n'est pas irrévocable permet aux époux de ne pas apporter le même soin au contrat qu'ils forment. Ils s'unissent plus légèrement et ne réfléchissent pas aussi sérieusement aux promesses qu'ils se font.

Si la séparation peut se faire par le consentement mutuel des deux parties, celui qui veut divorcer n'a qu'à rendre la vie intolérable à l'autre et il le forcera à lui offrir sa liberté.

Dans le cas où la loi civile exige des motifs graves pour prononcer le divorce, on engage la partie qui veut rompre les liens qu'elle a contractés à commettre les sévices ou les mauvaises actions nécessaires pour arracher la sentence judiciaire qu'elle désire.

En toute hypothèse, c'est une prime accordée à celui qui a de mauvaises intentions, c'est un encouragement au mal.

D'un autre côté les enfants sont sacrifiés. Si le père et la mère les partagent, voilà une famille affreusement divisée; des frères et des sœurs qui ne vivent pas ensemble et qui ne sont pas élevés de la même manière.

Si les parents se marient de nouveau et qu'ils aient d'autres enfants, les premiers ne peuvent s'accorder avec les seconds. Placés entre deux familles dans une situation odieuse, ils ne sont de chez personne. Leur caractère, leur éducation souffrent nécessairement beaucoup d'une situation aussi fausse et aussi malheureuse.

7. De l'esprit de famille. — La famille affermie et consolidée par le mariage, telle que nous la comprenons, est la base de la société. C'est une école de vertu qui fait le bonheur de tous ses membres.

L'autorité du père y est tempérée par l'affection qu'il a pour sa femme et ses enfants; le dévouement de la mère y est encouragé par les sentiments d'amour et de reconnaissance qu'on lui témoigne; le caractère des enfants s'y forme et l'obéissance ne leur coûte pas, parce qu'elle est rendue facile par les mille petits soins qu'on leur prodigue. Ils aiment et ils sont aimés et cette affection réciproque les porte à se dévouer les uns pour les autres.

Cette union des cœurs produit la communauté d'idées et de sentiments. La mère reçoit avec confiance les paroles du père et quand il est intelligent, il est l'oracle de la famille. Les enfants ne trouvent rien de plus parfait que ce que disent et ce que font leurs parents. Il résulte de ce commun accord un ensemble de convictions et d'opinions qui fait que l'on juge les hommes et les choses de la même manière. Ce fond d'idées que toute la famille partage fait en quelque sorte partie de son domaine. Il passe de génération en génération, et c'est ce qu'on appelle l'esprit de famille.

8. De la mère de famille. — La mère est la Providence de la famille. Elle a les yeux ouverts sur le père; elle veille à sa santé, modère son zèle, restreint son ardeur pour le travail et devient sans peine la conseillère la plus sûre et la mieux écoutée.

Elle étudie le caractère de ses enfants et s'efforce de les former et de les conduire en les prenant par leurs endroits les plus accessibles. Elle ne s'occupe pas seulement de leur existence matérielle, mais elle songe surtout à leur éducation et à leur instruction. De ses fils, elle veut faire des hommes et de ses filles des mères de famille qui lui ressemblent.

Elle comprend que c'est à elle à déposer dans leurs jeunes cœurs le germe des vertus qui honorent l'homme et le rendent utile à la société.

Si elle a plusieurs enfants, elle évite tout ce qui pourrait les diviser. Témoignant à tous la même affection, elle tient à les convaincre de sa tendresse et de son dévouement.

Ne tolérant pas leurs défauts, si elle est obligée de les réprimander et de les punir, elle le fait avec mesure et elle s'efforce de leur montrer que c'est dans leur intérêt qu'elle leur impose une peine qui les contrarie.

Toujours prête à partager leurs chagrins, elle les engage à lui ouvrir leur cœur avec confiance et elle n'a rien de plus empressé que d'adoucir les contrariétés qu'ils éprouvent.

9. **De la maîtresse de maison.**—La mère de famille est en même temps la maîtresse de la maison, c'est là qu'elle exerce sa royauté dans l'intérêt de tous.

Elle a soin d'abord d'entretenir partout la plus grande propreté. C'est la vertu qu'elle inculque à ses enfants et à ses domestiques. Elle veut que dans sa cuisine, dans les appartements tout soit en ordre, que rien ne traîne, que les objets soient toujours bien rangés, que chaque chose soit à sa place, qu'on ne perde rien, qu'on ne gâche rien, et qu'on tire de tout le meilleur parti.

Si son mari doit aller en voyage, elle lui prépare ses chaussures, ses vêtements et lui donne tout ce qu'il lui faut pour se protéger contre les injures du temps et la dureté de la saison. A son retour, il est sûr de trouver son repas tout prêt, accompagné de toutes les petites attentions capables de le soulager de ses fatigues et de lui procurer un repos réparateur.

Les enfants n'attendent jamais après rien de ce qui leur est nécessaire. Vont-ils en classe, tout est prévu, tout est préparé et ils sortent toujours de la maison gais et contents, tout disposés à bien recevoir les leçons du maître.

Quand la maîtresse de la maison est prévoyante et économe, ne serait-elle pas riche, elle sait rendre son intérieur agréable. Elle réfléchit à ses petites ressources, combine l'emploi qu'elle en doit faire et elle arrive toujours à avoir une table suffisamment servie.

Pour les étrangers elle est affable. S'ils sont invités à dîner, elle fait un effort pour ce jour-là, elle touche à ses réserves, et le peu qu'elle donne étant bien présenté fait honneur à la famille.

Quand les étrangers doivent passer la nuit, elle apporte tous ses soins à la chambre qu'elle leur destine, elle fait elle-même ou elle fait préparer sous ses yeux par un domestique les lits qu'ils doivent occuper et elle s'assure si l'on n'a rien omis, ni négligé.

La maîtresse de maison est la richesse de la famille; c'est elle qui en fait la joie par sa bonté, sa douceur, sa tranquillité d'âme et son dévouement.

Tant de vertu impose nécessairement de grands devoirs aux enfants et ce sont ces devoirs que nous allons examiner.

CHAPITRE II

Devoirs des enfants envers leurs parents.

1. Division générale. — Les devoirs des enfants
envers les parents constituent ce qu'on appelle *la piété
filiale.* Ils comprennent : 1° l'*amour ;* 2° le *respect ;*
3° l'*obéissance ;* 4° l'*assistance dans leurs besoins.*

2. L'amour. — L'amour est le premier devoir que
les enfants aient à remplir envers leurs parents. Ce
devoir est absolu. Rien n'en peut dispenser, ¬t il n'y a
pas non plus de motif pour le restreindre.

L'attachement des enfants pour les parents est un
sentiment tellement naturel que celui qui ne l'éprou-
verait pas mériterait, dit Rousseau, « d'être étouffé
comme un monstre indigne de voir le jour. »

Sans doute tous les parents ont leurs défauts. Mais
comme le disait un jour un jeune homme qui avait le
sentiment profond de son devoir : « Si j'aime ma mère,
ce n'est pas parce qu'elle est la femme la plus belle,
la plus intelligente, la plus vertueuse qu'il y ait en
France, mais je l'aime parce qu'elle est ma mère et je
l'aime d'un amour incomparable, parce qu'il n'y a pas
d'autre créature à qui je puisse donner ce titre. »

Cet amour est d'ailleurs très bien motivé. Car
quand les enfants réfléchissent à ce qu'ils doivent à
leurs parents, ils remarquent aisément qu'ils en ont
tout reçu.

La mère leur a donné la vie et depuis qu'ils sont
au monde elle n'a cessé de pourvoir à tous leurs
besoins. Dans sa prévoyance affectueuse, elle a

souvent devancé leurs désirs et n'a jamais rien négligé pour leur procurer les plus douces jouissances et leur épargner la moindre peine.

Le père de son côté travaille sans cesse et ses efforts n'ont d'autre but que d'assurer l'avenir de ses enfants. S'il a eu de graves difficultés à surmonter, s'il a trouvé la vie très dure, il désire que ses enfants aient une carrière plus douce et c'est pour leur en faciliter l'accès qu'il s'impose les plus rudes fatigues.

L'enfant qui est témoin de tous ces efforts et qui sait qu'il est le but constant de tous ces travaux n'aurait pas de cœur s'il ne répondait pas à cet amour si dévoué par un amour reconnaissant. Son ingratitude deviendrait monstrueuse et il ne mériterait l'intérêt de personne, parce que celui qui est ingrat envers ses parents ne peut manquer d'être ingrat envers les autres.

3. Le respect. — Le respect est la conséquence de l'amour. Quand les enfants aiment bien leurs parents, ils les vénèrent et ont pour eux beaucoup de déférence et d'égards.

Leur autorité est, sans contredit, après celle de Dieu la plus grande qui existe pour eux. Si l'on doit avoir du respect pour le chef de l'État, pour ceux qui occupent les premières positions dans le clergé, la magistrature ou l'armée, à plus forte raison doit-on en avoir pour ses parents.

Ce sont eux qui tiennent le plus directement la place de Dieu sur la terre. Dans le Décalogue, c'est surtout le respect qui est commandé aux enfants : « Honore ton père et ta mère afin de vivre longtemps. »

Malheureusement il y a bien des enfants qui ne voient que les défauts de leurs parents. Ils se croient le droit d'en parler, de les faire connaître aux autres et, pour s'affranchir de leur autorité, ils ne craignent pas de les mépriser, de les tourner en ridicule, d'exagérer leurs torts, de murmurer contre eux, de se permettre les injures les plus grossières, de leur souhaiter du mal et de pousser la critique qu'ils font de leurs imperfections jusqu'à la calomnie.

Toutes ces fautes sont très graves. Au lieu de dénigrer leurs parents, les enfants bien élevés se font un devoir de voiler leurs faiblesses, de dissimuler leurs défauts et d'atténuer leurs torts. Loin de les injurier, ils doivent les défendre contre ceux qui les attaquent et ne pas oublier la solidarité qui les unit à eux. A ce titre ils sont tenus de protéger leur honneur et de repousser tout ce qui pourrait porter atteinte à leur considération.

La famille doit être une école de respect. Celui qui ne respecte pas ses parents ne respecte personne.

4. **L'obéissance.** — L'obéissance est peut-être le devoir qui coûte le plus aux enfants. L'amour, le respect sont des sentiments conformes à la nature, mais l'obéissance lui est contraire.

Naturellement l'homme est porté à l'indépendance ; le joug de l'autorité lui pèse. Il veut ne relever que de lui-même et il considère son affranchissement comme un progrès.

Cependant du moment que nous sommes faits pour la société, il est nécessaire qu'il existe une hiérarchie et que dans toute association il y ait des chefs et des sujets.

Dans la famille l'autorité revient de droit aux parents. Ils précèdent les enfants dans la vie, ils ont une expérience et des lumières que ceux-ci n'ont pas.

C'est donc à eux à les éclairer et à les guider et comme dans toutes les carrières il faut toujours que l'on obéisse, il est bon qu'ils disciplinent de bonne heure leur esprit et leur volonté et qu'ils les habituent à faire sans peine ce qui leur est commandé.

Pour atteindre son but, il est nécessaire que l'obéissance soit prompte et facile. Si l'enfant n'obéit qu'en murmurant, s'il se plaint, s'il résiste, ces dispositions fâcheuses nuisent au respect et à l'amour qu'il doit à ceux qui le commandent et enlèvent à sa soumission une grande partie de son mérite. L'obéissance forcée n'est plus une vertu. L'acte qu'on fait malgré soi est désagréable pour tout le monde, et la plupart du temps la chose que l'on fait se ressent de la mauvaise disposition de celui qui l'exécute. Elle est mal faite ou à contre-temps, dans des circonstances qui la rendent préjudiciable ou stérile.

5. De ses restrictions. — Mais il n'en est pas de l'obéissance comme de l'amour et du respect; elle a ses limites. L'autorité des parents, toute sacrée qu'elle est, n'est pas souveraine. Elle a au-dessus d'elle des puissances supérieures qu'elle doit elle-même respecter. La loi civile, la loi ecclésiastique, la loi naturelle et la loi divine sont obligatoires pour les parents; ils ne peuvent aller contre leurs prescriptions.

S'il leur arrivait de commander ce que la loi défend, ils abuseraient de leur autorité. Il est évident que dans ce cas les enfants ne doivent pas leur obéir.

Il y a des parents assez misérables pour engager leurs enfants à mentir, à tromper, à faire de la fraude, à voler, à calomnier et à s'associer au mal qu'ils méditent ou qu'ils font.

Dans ces circonstances fâcheuses les enfants doivent

user avec respect de leur droit de remontrance, s'efforcer de ramener leurs parents à de meilleurs sentiments, et s'ils n'y réussissent pas, ils sont tenus de leur résister et de leur refuser leur coopération.

Quand l'enfant est arrivé à l'âge de se décider pour le choix d'une carrière, il n'est pas non plus obligé de suivre aveuglément la volonté de ses parents. S'il ne se sent pas d'aptitude pour la profession qu'ils lui conseillent et qu'il éprouve plus d'attrait pour une autre, il n'est pas tenu de renoncer à son propre sentiment.

Je suppose que le jeune homme veuille être prêtre ou soldat et que ses parents tiennent à en faire un marchand ou un agriculteur. Il doit leur exposer ses goûts et ses désirs avec la plus grande déférence, recevoir leurs objections et les discuter avec calme et respect, et s'il ne se sent pas ébranlé il doit les conjurer de le laisser embrasser la carrière qu'il croit être la sienne.

6. **Assistance due aux parents.** — Les enfants doivent assister leurs parents dans leurs besoins. La loi civile les y contraint. Mais quand des enfants ont du respect et de l'affection pour leurs parents, ce devoir s'impose de lui-même. Ils n'ont qu'à écouter la voix de la nature, de la raison et de la religion pour le remplir.

C'est d'ailleurs une chose bien douce que de venir en aide à ceux dont on a tout reçu. S'ils sont pauvres et qu'ils soient incapables de se suffire, il est tout naturel qu'on adoucisse leur misère et qu'on prenne sur le produit de son travail pour leur procurer ce qui leur est nécessaire. S'ils sont malades ou infirmes et qu'ils aient besoin de soins particuliers qu'on ne peut demander à des étrangers, on doit être toujours prêt à leur rendre ces services pénibles et on doit le faire avec un dévouement et une affection qui adoucissent leurs épreuves. S'ils sont dans le chagrin ou l'affliction, il est tout simple qu'on s'efforce d'essuyer leurs larmes et de les rendre moins amères. Si l'âge a affaibli leurs forces et atteint leurs facultés, nous devons nous rappeler le temps où ils se sont occupés de nous, lorsque notre raison n'était pas encore formée et faire avec patience et douceur ce qu'ils ont fait pour nous avec tant de tendresse. Enfin s'ils se trouvent à la fin de leur carrière et qu'ils aient besoin de nos conseils et de nos exhortations à leur dernière heure, nous devons avoir le courage de les engager avec toute la prudence possible à se mettre en mesure de paraître bien préparés devant Dieu.

C'est le dernier service, mais c'est le plus grand que nous puissions leur rendre.

CHAPITRE III

Des devoirs des parents envers leurs enfants.

1. Du pouvoir paternel. — L'autorité du père et celle de la mère constituent ce qu'on appelle le pouvoir paternel. Le père et la mère ont également droit à l'amour, au respect, à l'obéissance et à l'assistance de leurs enfants. Mais si leur autorité est la même, elle ne s'exerce pas de la même manière.

Le père est le chef de la famille, il en est la tête. Il est la raison qui éclaire et qui dirige. C'est à lui qu'il appartient de s'occuper des affaires d'intérêt; c'est l'oracle que la mère et les enfants consultent avec confiance; c'est lui qui est leur lumière et leur soutien.

La mère a un rôle moins austère. Elle est le cœur affectueux et dévoué qui a de bonnes paroles et des sentiments tendres pour tout le monde et pour toutes les circonstances. Elle est la mère de famille et la maîtresse de maison et nous avons dit plus haut (p. 45-46) les devoirs qui lui incombent et les vertus qui l'honorent sous ce double rapport.

Dans l'intérêt de la famille, ces deux autorités doivent toujours paraître unies. S'il y a entre le père et la mère quelques dissentiments, il est bon qu'ils discutent entre eux les points qui les divisent, mais il ne faut pas que ces conflits paraissent au dehors et surtout qu'ils aient pour résultat de troubler l'unité de direction. Si les enfants reçoivent des impulsions contraires, ces tiraillements nuisent à l'autorité des parents qui en sont les auteurs.

L'autorité des parents sur les enfants est indiscutable, mais ce pouvoir n'est ni arbitraire, ni tyrannique.

Le père n'a pas le droit de vie et de mort sur ses enfants, comme on le supposait dans les législations anciennes.

Il ne lui est pas permis de les maltraiter, de les mutiler, ni de nuire à leur santé en leur imposant des privations ou des travaux au-dessus de leurs forces.

Les parents peuvent encore moins les vendre pour en faire des saltimbanques ou des esclaves.

La Providence les leur a confiés pour en faire des

hommes et leur premier devoir est de respecter leur vie et leur dignité d'être raisonnable et libre.

2. De l'amour des parents pour les enfants. — La nature se soulève d'ailleurs contre ces actes barbares que les lois humaines et divines condamnent avec toute la sévérité qu'elles déploient contre les plus grands crimes.

Les animaux aiment instinctivement leurs petits, et Dieu a gravé si profondément ce sentiment dans le cœur de l'homme que si l'on trouve un père ou une mère qui n'aime pas ses enfants, on le repousse avec indignation comme un monstre qui fait honteusement exception dans l'humanité.

Mais si l'affection ne fait pas défaut parmi les parents, elle n'est pas toujours bien réglée. Il est nécessaire qu'elle soit également répartie entre tous les enfants et qu'il n'y ait pas de préférence marquée pour les uns au détriment des autres.

Sans doute les enfants, quoique issus du même père et de la même mère, n'ont pas tous le même caractère, les mêmes talents, la même affabilité, les mêmes attraits. Cette inégalité est dans la nature et crée dans le mérite des différences souvent très considérables.

Mais les parents ne doivent pas se laisser entraîner par leurs goûts particuliers. Comme nous avons dit que les enfants ne doivent pas mesurer leur affection sur les qualités de leurs parents, mais qu'ils doivent aimer leur père et leur mère uniquement parce qu'ils sont les auteurs de leurs jours; de même les parents doivent s'attacher à leurs enfants uniquement parce qu'ils sont à eux.

S'ils devaient montrer quelque condescendance, cela

devrait être pour ceux qui sont les moins bien partagés, pour les dédommager de ce qu'ils n'ont pas reçu ; mais le mieux est de les mettre tous au même rang et de les traiter sur le pied de l'égalité la plus stricte et la plus sévère.

Ces préférences jettent la division dans la famille et ont toujours de fâcheux résultats. Ceux qui se croient dédaignés sont jaloux, chagrins et se déplaisent dans la maison. Ceux qui se sentent soutenus deviennent exigeants et finissent par être souvent les moins méritants et les moins distingués. Ils sont fiers et durs à l'égard des autres et affichent envers tout le monde d'intolérables prétentions.

Que les parents n'oublient donc pas qu'ils se doivent tout entiers à leurs enfants, qu'ils n'aient pas plusieurs poids, plusieurs mesures, et qu'ils leur donnent à tous avec un égal soin l'éducation physique, intellectuelle et morale qu'ils leur doivent.

8. De l'éducation physique. — L'éducation physique a pour objet les soins du corps. Tant que les enfants ne peuvent se suffire, les parents doivent les nourrir, les vêtir, les loger, les soigner, s'ils sont malades, et pourvoir à leur subsistance.

S'ils sont trop pauvres pour supporter toutes ces charges, ils doivent appeler la charité publique à leur secours et partager avec leurs enfants le pain qu'on leur a donné. Une bonne mère, un bon père se privent pour leurs enfants. Ils aiment mieux jeûner que de laisser dans le besoin ces pauvres petits êtres qui implorent leur assistance.

Dans les conditions sociales plus élevées, les parents sont obligés de s'attacher à faire prendre à leurs enfants une bonne tenue qui leur donne un air distingué.

L'extérieur n'est point à négliger. Trop souvent le monde ne juge que sur les apparences et il est certain que celui qui a un extérieur gauche et vulgaire ne réussit pas comme celui qui a les qualités contraires.

Assurément la nature est pour beaucoup dans les avantages corporels. Mais l'éducation peut redresser en une foule de cas la nature elle-même et donner une aisance, une distinction qui voilent bien des imperfections et parfois des défauts.

Le ton doux et insinuant dans la conversation, des manières affables et gracieuses dans l'accueil qu'on reçoit ou qu'on fait, une attitude irréprochable quand on est assis ou debout, un maintien élégant et naturel pendant les repas, de la courtoisie et du calme dans les discussions et une multitude d'autres mérites extérieurs proviennent en grande partie des habitudes que l'on a prises au sein de la famille.

Mais pour arriver à ces résultats, il est nécessaire que les parents s'observent eux-mêmes et qu'ils joignent perpétuellement l'exemple au précepte.

J'ai connu un gentilhomme qui me disait qu'il ne descendait jamais dans sa salle à manger pour le déjeuner sans avoir fait avec soin sa toilette. Qu'il eût du monde ou qu'il n'en eût pas, eût-il été tout seul, il voulait que ses domestiques apportassent au service de la table la même attention.

Il y avait peut-être là quelque chose d'excessif. Mais si l'on veut que les jeunes gens soient propres, qu'ils se tiennent bien et qu'ils portent avec eux sans recherche, mais avec le naturel le plus simple, le cachet d'une éducation distinguée, il faut qu'on s'occupe d'eux physiquement dès le commencement et qu'on les surveille pour qu'ils ne se négligent pas plus tard.

4. De l'éducation intellectuelle. — L'homme n'est pas seulement un animal, il est encore un être intelligent. Il ne suffit donc pas de le nourrir, de le former extérieurement, il faut encore, tout en s'occupant du corps, cultiver son intelligence.

Tous les hommes ne sont pas aptes à acquérir le même degré de connaissances. Leurs facultés intellectuelles sont naturellement plus ou moins étendues.

Il y a des connaissances générales et communes qui sont à peu près accessibles à tous. Ainsi un enfant dont on veut s'occuper sérieusement peut apprendre à lire, à écrire et à calculer. Il n'y a que de rares exceptions à cette règle.

Aujourd'hui que l'instruction primaire est gratuite, dans quelque état de fortune que se trouvent les parents, ils doivent avoir le désir de faire donner à leurs enfants ces connaissances élémentaires.

Mais quand les enfants sont en âge de travailler, s'ils ont besoin de leur collaboration, on ne peut les obliger à s'en priver. Ce serait leur demander un sacrifice supérieur à leurs forces.

Dans les classes plus aisées de la société, c'est un devoir pour les parents de donner aux enfants une instruction plus élevée. Suivant les carrières qu'ils ambitionnent pour eux, il faut qu'ils leur fassent faire des études professionnelles ou des études classiques.

Le savoir est toujours le bien le plus sûr et le plus réel qu'ils puissent donner à leurs enfants. C'est le seul qu'on ne puisse pas leur enlever, c'est celui qui honore le plus l'homme et c'est aussi en résumé celui qui lui est le plus utile.

Cependant quand les enfants n'ont pas d'aptitude pour les lettres ou les sciences, on a tort de violenter la nature et de les pousser vers un bu qu'ils ne peuvent atteindre. On empoisonne les plus belles années de leur adolescence et on les condamne en pure perte à des efforts stériles.

Mieux vaudrait étudier les goûts des enfants et les diriger vers les carrières pour lesquelles ils ont plus d'attraits. Ils seraient ainsi plus utiles à la famille et à la société, et tout le monde y trouverait son avantage.

5. De l'éducation morale. — L'éducation morale a pour objet de former le cœur et le caractère de l'enfant. C'est elle qui lui apprend à se bien conduire, c'est sur elle que les parents ont le plus d'influence.

Si un enfant naît avec une mauvaise constitution, un tempérament débile, ils n'y peuvent pas grand'-chose. Tous leurs soins seront impuissants à lui donner la santé.

Quand la mémoire est ingrate et que l'intelligence fait défaut, la culture la plus assidue ne peut suppléer à l'insuffisance du talent.

Mais sous le rapport moral, les exhortations, les conseils et les exemples des parents ont une grande puissance.

Pour former l'homme moral, il est nécessaire que l'on s'y prenne de bonne heure.

1° Il faut d'abord *éclairer* l'intelligence sur le devoir et montrer à l'enfant ce qu'il doit faire. La religion est la grande lumière qui ouvre, qui forme et qui dirige avec le plus de sûreté la conscience. Elle apprend à l'enfant d'où il vient, où il va et quelle route il doit suivre. Elle l'encourage, le relève après ses chutes et lui donne la force de lutter victorieusement contre les difficultés et les obstacles.

Tout en répandant dans l'âme de l'enfant ces clartés

sacrées, les parents sont obligés d'observer les effets
qu'elles produisent.

Il y a dans notre nature de mauvais germes, de
détestables inclinations qu'il faut combattre. Les
parents doivent avoir l'œil ouvert sur ce champ dis-.
posé à produire toute espèce de mauvaises herbes. A
mesure que l'ivraie germe, il faut l'arracher.

Au début, la chose est facile, mais lorsqu'elle s'est
enracinée on ne peut plus en venir à bout.

2° La *correction* est donc nécessaire. Nous ne sommes
pas pour les corrections corporelles. Cependant
lorsque la raison n'est pas encore formée, ce ne sont
que les privations matérielles et parfois les peines
corporelles qui ont prise sur l'enfant. Le Sage a dit :
« Celui qui épargne la verge à son enfant, ne l'aime
pas. »

Mais il faut user de ces moyens avec une grande
réserve et le faire toujours avec calme pour être bien
assuré de ne pas dépasser la mesure.

Quand la raison de l'enfant est ouverte, il vaut
mieux en appeler à la persuasion qu'à la violence et le
convaincre de ses torts en lui montrant les fâcheuses
conséquences qui en résultent.

3° Mais s'il est utile d'arracher la mauvaise herbe à
mesure qu'elle se montre, il n'est pas moins nécessaire
de prémunir l'enfant à l'égard de toutes les influences
qui peuvent lui être funestes. Il faut éloigner de lui la
mauvaise société, les conversations légères, les livres
dangereux, en un mot tout ce qui peut l'initier pré-
maturément à la connaissance du mal.

4° Les parents doivent surtout s'observer en présence de leurs enfants et ne les scandaliser jamais ni
par leurs paroles, ni par leurs actions. L'exemple est
sans contredit bien plus puissant que le précepte,

Quand il est bon, c'est la meilleure leçon ; mais quand il est mauvais, c'est pour la famille le fléau le plus dangereux.

6. Des diverses phases du pouvoir paternel. — Le pouvoir paternel change de caractère avec l'âge des enfants.

Dans leur enfance le pouvoir des parents n'est limité que par lui-même et par les lois extérieures. L'enfant est purement passif. Il subit toutes les impressions auxquelles on le soumet. Ces impressions sont très profondes. C'est pour ce motif qu'il importe beaucoup de ne leur donner que de bons sentiments et de vertueuses habitudes.

Dans l'adolescence la raison est éclairée. Le jeune homme se sent libre et responsable, il faut le traiter avec ménagement. Le pouvoir paternel doit s'alléger et lui laisser une certaine initiative qui l'habitue insensiblement à se suffire et à se diriger par lui-même.

Quand l'âge mûr est arrivé et que le jeune homme est établi, il forme pour son compte une famille et il se trouve investi vis-à-vis des siens de l'autorité que ses parents ont eue sur lui. Rien ne le dispense de l'affection et du respect qu'il doit à son père et à sa mère. Mais leur pouvoir sur lui se borne en général aux conseils que leur suggère leur expérience. Ils doivent le laisser agir sous sa responsabilité dans sa nouvelle sphère et souvent ce ne serait pas un bien s'ils intervenaient trop directement dans ses affaires.

CHAPITRE IV

Devoirs des frères et sœurs.

1. Division générale. — La famille est le monde en petit. Quand nous disons que nous sommes tous issus d'une même mère et d'un même père, nous proclamons que le genre humain ne forme qu'une seule et immense famille. C'est cette unité de race et d'origine qui établit notre égalité devant la loi en nous obligeant à nous considérer tous comme des frères. Les devoirs des frères et sœurs sont donc les mêmes que ceux des hommes en général. Ils peuvent se résumer en quatre mots : amour, dévouement, indulgence et confiance mutuelle.

2. L'amour fraternel. — L'amour est le ciment qui doit unir indissolublement tous les membres de la famille. Il doit unir entre eux les parents, les parents avec les enfants, les enfants avec les parents et les enfants entre eux. C'est le sentiment qui doit adoucir tous ces rapports et les rendre agréables pour tous.

L'intérêt refroidit malheureusement l'ardeur de ce sentiment que la nature a mis si profondément dans le cœur de l'homme. En engageant les membres de la famille à tout tirer à eux, il les divise et amène souvent des dissentiments très regrettables. De là les procès qui créent des divisions sans fin et substituent à l'amour la haine la plus violente.

3. Dévouement. — L'amour, avons-nous déjà dit, produit le dévouement. On se donne à ceux que l'on aime et on se sacrifie pour eux.

Quoique les frères et sœurs aient les mêmes droits et la même origine, la nature établit entre eux de grandes différences. Les uns ont du talent et les autres n'en ont pas. Celui-ci a de la santé, celui-là est perpétuellement malade. Il y en a qui sont économes et d'autres prodigues. Ces diversités d'aptitude et de caractère amènent parfois de grandes différences dans les positions sociales.

Celui qui réussit, s'il n'a ni affection ni dévouement, dédaigne les autres et les oublie. Celui qui est maltraité par la fortune porte envie à ceux qui sont plus heureux et dénigre leurs succès.

Mais l'amour et le dévouement font au contraire que l'on s'entr'aide; que celui qui a plus vient au secours de celui qui a moins et cet échange de bons procédés amène des compensations qui profitent aux uns comme aux autres.

4. Indulgence. — L'indulgence mutuelle est aussi un sentiment bien nécessaire dans la famille comme dans la société.

Nous avons tous nos faiblesses, nos imperfections et nos défauts. Si nous étions sévères les uns pour les autres, si nous n'avions de compassion pour personne, nous mériterions d'être traités avec la même rigueur et cette dureté nous rendrait à tous la vie intolérable.

Soyez bons pour les autres, il seront bons pour vous.

Ne croyez pas que l'égalité qui existe entre vous et vos frères et sœurs vous autorise à les traiter avec grossièreté et sans égard.

L'intimité du foyer, dit Sylvio Pellico, ne doit jamais vous faire oublier d'être poli avec vos frères.

Trouvez dans vos sœurs le charme suave des vertus de la femme; et puisque la nature les a faites plus faibles et plus sensibles que vous, soyez plus attentif à les consoler dans leurs afflictions et à ne pas les affliger vous-mêmes.

Ceux qui contractent à l'égard de leurs frères et de leurs sœurs des habitudes de malveillance et de grossièreté restent malveillants et grossiers envers tout le monde.

5. **Confiance réciproque.** — Dans les relations sociales la franchise et la droiture sont les vertus qui honorent le plus l'homme et le rendent le plus estimable.

On doit faire l'apprentissage de ces vertus dans la famille.

Quand il s'agit de choses sérieuses, les frères et les sœurs doivent être vrais dans leurs actes et leurs paroles. S'ils ont recours à la ruse, au mensonge et à la duplicité, l'amitié est détruite. On est obligé de se traiter comme des ennemis qui s'observent et qui ont tout à craindre les uns des autres. On entre alors dans la voie de la dissimulation et de la tromperie et on ne peut plus s'estimer mutuellement.

La défiance est toujours injurieuse, parce qu'elle suppose de mauvais sentiments dans celui qui en est l'objet.

6. **De la parenté.** — Lorsque les frères et les sœurs sont étroitement unis au sein de la famille, cette union persévère après leur établissement.

Lorsqu'ils sont mariés ils aiment à se voir et à se recevoir. Ils s'invitent de temps en temps et passent ensemble d'agréables instants.

Leurs enfants sont ainsi fréquemment en rapport. A cet âge où les passions ne parlent pas encore, ils s'aiment d'un amour profond et vrai.

Les neveux sont pleins d'affection pour les oncles et tantes et ceux-ci le leur rendent bien volontiers.

Les cousins ne sont point indifférents les uns pour les autres et ces amitiés de famille s'étendent et finissent par embrasser un certain nombre d'individus.

Pour peu que l'on ait d'amis, il arrive qu'on est tous en rapport avec une société choisie dont on partage les goûts, les sentiments, les répulsions et les attraits et l'on trouve dans cet échange réciproque de bonnes pensées et d'excellents procédés un des charmes les plus touchants de la vie. On n'est jamais seul et c'est en ce monde ce qu'il y a de plus heureux [1].

---

1. Il nous aurait paru tout naturel de traiter ici des devoirs des maîtres envers les serviteurs; car les serviteurs font partie de la maison. Dans les programmes des écoles primaires supérieures, des écoles normales primaires et de l'enseignement secondaire des jeunes filles, on l'a ainsi compris; mais dans le programme de l'enseignement secondaire spécial que nous suivons tout particulièrement, cette question est marquée à la fin des *Devoirs sociaux* et c'est là que nous l'avons placée.

DEUXIÈME PARTIE

DES DEVOIRS SOCIAUX.

Les devoirs sociaux comprennent les devoirs que nous avons à remplir en général envers nos semblables. Ces devoirs peuvent se ramener à ces deux principes : *Rendre à chacun ce qui lui est dû ou ce qui lui appartient. Fais aux autres ce que tu voudrais qu'on te fît à toi-même.*

Au premier de ces principes se rattachent les *devoirs de justice*, au second les *devoirs de charité.*

Pour suivre l'ordre du programme nous traiterons :

1° Des devoirs relatifs au respect de la vie humaine ;
2° Des devoirs relatifs au respect de la liberté ;
3° Des devoirs relatifs à l'honneur et à la réputation ;
4° Des devoirs relatifs au bien d'autrui ;
5° Des droits relatifs à la charité ;
6° Des devoirs de l'amitié ; du respect de la vieillesse et des supériorités morales ;
7° Des devoirs réciproques des maîtres et des serviteurs ;
8° Des devoirs à l'égard des animaux.

CHAPITRE PREMIER

Des devoirs relatifs au respect de la vie humaine.

1. Des différents noms que le meurtre reçoit. — L'homme n'a pas le droit d'attenter à la vie de son semblable.

Celui qui tue injustement un autre homme s'appelle *homicide*. Si son attentat est accompagné de perfidie ou de trahison, on dit que c'est un *assassinat*. Si ce sont les parents qui tuent leurs enfants, c'est un *infanticide*. Dans le cas où ce sont au contraire les enfants qui tuent leurs parents, il y a *parricide*. Le meurtre d'une sœur ou d'un frère est un *fratricide*; celui d'un roi, un *régicide* et celui d'un tyran un *tyrannicide*.

Tous ces crimes sont des forfaits épouvantables. Le parricide est si monstrueux que le législateur d'Athènes, Solon, n'avait pas porté de peines contre ce crime abominable, parce qu'il supposait qu'un pareil attentat ne serait jamais commis.

Il n'y a pourtant pas d'années qu'il ne s'en commette plusieurs parmi nous.

2. Du tyrannicide. — Les anciens croyaient qu'il était permis de se délivrer d'un tyran.

A Athènes, Harmodius et Aristogiton ayant mis à mort Hipparque, leurs concitoyens leur élevèrent des statues et composèrent en leur honneur un hymne qui devint un chant national.

Mais les Athéniens se trompaient en glorifiant ainsi l'assassinat.

Jacques Clément s'est laissé égarer par la superstition et le fanatisme quand il a cru faire une action agréable à Dieu en assassinant Henri III à Saint-Cloud.

Ce prince avait aussi commis une grande erreur, quand il avait prétendu qu'en vertu de son autorité royale il avait le droit d'ordonner le meurtre des Guises à Blois.

Il n'y a que trois cas où le meurtre soit permis : 1° Le cas de légitime défense; 2° comme punition du meurtre lui-même, ce qui se fait judiciairement par l'application de la peine de mort; 3° à la guerre.

3. Du droit de légitime défense. — Le droit de légitime défense est une conséquence directe du droit que j'ai à la vie. Il est évident que si je suis attaqué par un homme qui en veut à mes jours, j'ai le droit de repousser la force par la force et de me défendre par tous les moyens qui sont à ma disposition. Si dans la lutte je le blesse gravement ou même si je le tue, il ne peut s'en prendre qu'à lui-même du mal qui lui arrive.

Il en est de même du voleur qui pénètre de nuit dans une maison, qu'il soit armé ou non. Le propriétaire peut tirer sur lui ou le frapper, et, s'il le tue, il n'est pas responsable du sang qu'il a versé, parce qu'il n'a eu d'autre but que de se protéger et de se mettre avec ses biens à l'abri d'un odieux attentat.

Mais on ne doit user de ce droit qu'avec une grande réserve. La loi n'en reconnaît la légitimité qu'en trois cas : 1° En présence d'une agression injuste ; 2° au moment même où elle se produit ; 3° à la condition qu'elle soit dirigée contre la personne ou la propriété.

4. De la peine de mort. — Si l'individu a le droit de tuer celui qui attente à ses jours, la société a également le droit de retrancher de son sein ceux de ses membres qui compromettent sa sûreté et de les condamner à mort.

On a beaucoup déclamé dans ces derniers temps contre l'exercice de ce droit. Lamartine, Alexandre Dumas, Victor Hugo et plusieurs autres écrivains sont allés jusqu'à contester ce droit et à le reprocher à la société comme une barbarie.

Ce droit est certain. Il n'y a pas de peuple, il n'y a pas d'époque où la société ne l'ait exercé. En mettant à mort celui qui a fait mourir son semblable, on ne fait que lui rendre ce qu'il a fait.

Mais la société n'obéit pas dans cette circonstance à un sentiment de vengeance qui est toujours mauvais. Elle ne fait que protéger, comme elle le doit, la vie de ses membres. Car il est certain que la crainte de la peine de mort est la seule qui ait de l'influence sur ces scélérats qui se jouent de la vie de leurs semblables, quand ils ont une passion à satisfaire.

Si l'on ne condamne pas l'assassin à mort, il faut qu'on lui inflige la prison à perpétuité. Or dans ce cas, s'il tue ses gardiens, quelle peine prononcera-t-on contre lui ? Il n'y en a pas d'autre que celle qu'il subit et la société se trouverait désarmée pour les cas où elle a le plus besoin de se défendre.

La peine de mort est donc un mal nécessaire même dans les sociétés les plus civilisées.

Le bourreau qui exécute les terribles arrêts de la justice humaine n'est donc pas répréhensible lorsqu'il guillotine un condamné. Mais nous ne dirons pas la même chose de cette foule qui se presse autour de l'échafaud et qui se fait de la mort d'un homme un spectacle de plaisir, un objet de curiosité.

5. **De la guerre.** — La guerre est le plus affreux de tous les fléaux. Elle autorise ou commande l'homicide et entraîne après elle la violation de la propriété, et souvent le mépris de tous les droits les plus sacrés.

Cependant, il est des cas où elle est juste et indispensable. Les États sont tenus comme les individus de faire respecter leurs droits et leur honneur et quand ils n'ont pas d'autre moyen que la force pour se défendre, ou obtenir la réparation d'un dommage grave ou d'un outrage public, ils sont bien forcés de recourir aux armes. Les officiers et les soldats doivent marcher à l'ennemi suivant les ordres qu'ils reçoivent et ils se couvrent de gloire, quand ils se battent loyalement et vaillamment, conformément aux lois de la guerre.

Quand le territoire est envahi par l'ennemi, en cas d'injuste agression, tout citoyen peut devenir soldat et la population soulevée peut d'elle-même s'organiser en corps d'armée pour s'efforcer de repousser l'étranger.

Toutefois le droit des gens a cherché dans nos temps modernes à adoucir autant que possible les horreurs qu'autrefois on se croyait permises en temps de guerre.

Si l'ennemi met bas les armes, les vainqueurs ne doivent pas le massacrer. Ils n'ont pas le droit de traiter avec cruauté le malheureux qui est tombé entre leurs mains et de prendre plaisir à le supplicier. Ils doivent respecter la vie des femmes, des enfants, des vieillards, et de tous ceux qui ne sont pas sous les armes. Le droit des gens défend aujourd'hui ces guerres d'extermination qui se faisaient dans les temps anciens et veut que l'on recueille les blessés, qu'on les mette dans des ambulances et qu'on soigne avec le même zèle les ennemis et les concitoyens.

6. Du duel. — Quand deux armées ennemies sont en présence, on peut proposer un combat singulier qui ait pour but d'empêcher l'effusion du sang des deux nations. Ainsi dans la guerre entre Albe et Rome, Tite Live raconte que le sort des deux peuples fut remis entre les mains des Horaces et des Curiaces et que l'issue de ce combat détermina le sort des deux

villes. Ces combats singuliers sont permis, parce qu'ils ont pour but de restreindre les malheurs de la guerre.

Mais le duel proprement dit est un crime. On appelle ainsi le combat de deux ou de plusieurs personnes qui en viennent aux mains, d'après une convention qu'elles ont faite.

Ainsi on fixe le jour, le lieu, l'heure à laquelle on se battra, l'arme dont on se servira et toutes les autres circonstances du combat. On se trouve au rendez-vous avec des témoins et la lutte commence.

Autrefois, on avait recours au duel judiciaire qu'on appelait le jugement de Dieu, pour mettre au jour une vérité, ou pour terminer un procès, ou pour se justifier d'une accusation quelconque. L'Église n'a cessé de condamner cette superstition.

Maintenant on va sur le terrain pour venger une offense ou satisfaire son amour-propre blessé.

Si l'on a la prétention de se justifier ou d'obtenir une réparation, rien n'est plus déraisonnable que d'avoir recours à la voie des armes pour obtenir ce résultat.

L'issue du combat ne prouve rien; attendu que l'innocent peut être victime aussi bien que le coupable.

Il n'y a d'ailleurs aucune proportion entre la réparation et l'offense. Pour une cause légère il peut y avoir mort d'homme ou blessure grave et s'il s'agit d'une affaire sérieuse il ne peut sortir de là aucune compensation.

La morale réprouve à juste titre ce préjugé barbare qui ne peut se justifier ni dans son but ni dans ses moyens. Car il a pour effet d'exposer ceux qui se battent à un double meurtre. On peut se faire tuer et on n'a pas le droit d'exposer inutilement sa vie; c'est un suicide. On s'expose en même temps à tuer son semblable, et c'est un homicide.

Le duel impliquant un double attentat à la vie humaine, nous n'avons pas craint de l'appeler un crime; parce que personne ne peut disposer de sa vie, ni de celle de son semblable. « Si les peuples les plus éclairés, les plus braves, les plus vertueux de la terre, dit Rousseau, n'ont pas connu le duel, s'ils n'ont jamais imaginé que le sang des citoyens dût couler pour une autre cause que pour la défense de la patrie. je dis que le duel n'est point une institution de l'honneur, mais une mode affreuse et barbare. »

7. Des coups et blessures. — S'il n'est pas permis d'attenter à la vie du prochain, on ne doit pas non plus le frapper, ni le blesser et encore moins le mutiler, et le priver ainsi de l'usage d'un de ses membres. La faute est proportionnée aux souffrances et au dommage causés. Celui qui a été mis dans l'impossibilité de travailler par suite des coups ou blessures qu'il a reçus injustement est en droit de réclamer une indemnité proportionnée aux pertes qui en sont résultées.

La gravité de ces fautes augmente aussi selon le caractère des personnes. Celui qui frappe ou qui blesse son père ou sa mère est bien plus coupable que celui qui attaque son frère ou son égal.

La loi civile condamne toutes ces actions et le Code pénal a des punitions en rapport avec la gravité des fautes.

Mais si la société réprouve tous ces crimes et toutes ces brutalités, elle a des honneurs et des récompenses pour les personnes courageuses qui sauvent, au péril de leurs jours, la vie à leurs semblables et pour les femmes charitables qui se dévouent au service des infirmes et des malades.

_____

CHAPITRE II

Des devoirs relatifs au respect de la liberté individuelle.

1. De l'esclavage. Sa définition. — Montesquieu a défini l'esclavage un état qui rend un homme tellement propre à un autre homme, qu'il est le maître absolu de sa vie et de ses biens. L'esclave ne s'appartient pas. Il a perdu la libre disposition de sa personne. Il est devenu la chose de son maître qui peut le tuer ou le nourrir, le soigner ou l'abandonner quand il est malade et le soumettre aux mêmes traitements que les animaux domestiques, qu'il conserve ou qu'il vend selon ses intérêts.

La condition de l'esclave n'était pas la même dans toutes les nations et il y avait une différence entre les esclaves qui restaient à la maison et ceux qui vivaient dans les champs, entre les esclaves de luxe et de plaisir et les esclaves de travail.

Mais partout l'esclave était inhabile à posséder; il n'avait pas de famille, et le maître pouvait disposer de lui à sa volonté, le vendre, l'exténuer de travail et même le tuer quand il était usé par la fatigue ou la vieillesse.

2. Du nombre des esclaves. — L'esclavage a existé dans toutes les nations anciennes; c'était primitivement la condition de tous ceux qui ne possédaient rien. La guerre en augmenta le nombre. Le vainqueur réduisait en esclavage les vaincus. C'est ainsi que dans tout l'Orient, chez les Grecs et les Romains, la population servile devint en peu de temps très considérable.

A la guerre se joignit le commerce. Les malheureux qui ne pouvaient vivre se vendaient et il y eut des marchands qui, encouragés par l'attrait du gain, firent cet odieux trafic sur une grande échelle. A Athènes on faisait la traite des esclaves et l'État protégeait les marchands qui se livraient à ce commerce, parce qu'ils rapportaient à la nation de gros revenus. Chypre, Samos, Éphèse, Délos, Sardes, Chio étaient des marchés très renommés où l'on vendait des esclaves tirés de l'Asie.

Dans les temps modernes la traite des noirs se fit dès le commencement du xv⁰ siècle. Les Espagnols, les Anglais, les Français prenaient des nègres en Afrique et les conduisaient en Amérique et dans les colonies où ils étaient vendus pour exploiter les mines d'or et d'argent ou cultiver le sol.

On ne peut pas dire toutes les abominations qui se commettaient dans le transport et la vente de ces malheureux.

3. De l'immoralité de l'esclavage. — L'esclave n'ayant pas été partout soumis à la même condition, on ne peut pas porter sur toutes les formes et sur tous les degrés de l'esclavage le même jugement. Mais nous dirons que l'esclavage tel qu'il existait dans les sociétés païennes et même dans les colonies européennes pendant les temps modernes était une institution atroce, réprouvée par la raison et l'humanité.

·Il y a dans l'homme des droits qu'il tient de sa nature et qui sont incessibles et imprescriptibles. Le gouvernement n'a sur ces prérogatives aucun droit, et l'individu n'a pas lui-même le pouvoir d'y renoncer. Tels sont les droits qui sont tellement inhérents à notre espèce que nous ne pouvons nous en dépouiller sans nous priver de notre dignité d'homme, de notre caractère d'être raisonnable.

La liberté individuelle est un de ces droits. Car qu'est-ce qu'un individu qui a perdu la libre disposition de lui-même ? Que lui reste-il de sa dignité ? Il est empêché d'aller, de venir à son gré. Il ne peut rien posséder ; par conséquent il ne peut avoir ni demeure, ni famille. Il ne peut faire aucun usage de son intelligence, ni de sa volonté. Il lui est défendu de s'instruire et on lui enlève tous les moyens de se perfectionner et de se moraliser.

Cette dégradation de l'espèce humaine est sans contredit une des violations les plus affreuses de la loi naturelle. Et quand on songe que dans les temps anciens la population servile était beaucoup plus considérable que la population libre, on est effrayé de la puissance et de l'énormité de ce fléau.

A Sparte, du temps d'Hérodote, on comptait 220.000 ilotes contre un peu moins de 32.000 citoyens. Athènes avait 107.000 citoyens libres ou étrangers et 200.000 esclaves. Dans les derniers temps de la République romaine, il y avait de riches particuliers qui possédaient 5.000 et même 20.000 esclaves.

Le christianisme avait une doctrine directement contraire à cette institution barbare. En rappelant aux hommes qu'ils sont tous nés d'un même père, qu'ils ne forment devant Dieu qu'une seule et même famille, il condamnait cette inégalité oppressive

qui faisait de la plus grande partie des hommes
la propriété de ceux qui les achetaient et qui permet-
tait au maître d'assimiler à des animaux cette multitude de malheureux qu'il exploitait et qu'il vendait à
son profit, sans avoir à rendre compte à qui que ce fût
de ses cruautés.

4. Du servage. — Mais les Apôtres et les Pères de
l'Église n'engageaient pas les opprimés à se soulever
contre leurs oppresseurs. Ils enseignaient aux maîtres
qu'ils n'avaient pas tout droit sur leurs esclaves et
qu'ils devaient respecter en eux leur dignité d'homme.
D'un autre côté ils disaient aux esclaves qu'ils avaient
des devoirs à remplir envers leurs maîtres et en les
réhabilitant à leurs yeux, ils leur montraient au delà
de ce monde les récompenses qu'ils pouvaient acquérir
par leur dévouement et leurs sacrifices.

De cette double amélioration des personnes résulta
une modification profonde dans l'institution elle-
même. Le servage remplaça l'esclavage. Cette substi-
tution se fit graduellement et fut favorisée d'ailleurs
par le colonat romain et les mœurs des Germains qui
n'entendaient pas la servitude à la façon des Orien-
taux.

A la différence de l'esclave, le serf était père de
famille. Il avait une femme et des enfants et jouissait
avec eux de tous les droits de la vie morale. Le
seigneur n'avait pas sur lui droit de vie et de mort,
mais il ne pouvait pas posséder. Il était attaché à la
terre qu'il cultivait et changeait de maître avec elle. Il
devait au propriétaire des redevances déterminées,
mais ces redevances payées, le fruit de la terre lui
profitait ainsi qu'à ses enfants.

Le serf jouissait d'une certaine liberté et d'un

certain droit de propriété, mais tout cela était soumis à de grandes restrictions.

5. **Des corporations et des jurandes.** — Au moyen âge, au milieu de ces sociétés naissantes, les artisans et les marchands n'étaient pas moins dominés par les seigneurs que les serfs qui travaillaient à la terre. Pour se soustraire à la tyrannie des puissants, ils se formèrent en corporations sous la protection du roi, qui était bien aise de trouver en eux une force à opposer à la noblesse qui lui portait ombrage.

Ces corporations se trouvèrent dans leur plein développement en France au xiii° siècle. Saint Louis les organisa et leur donna des règlements pleins de sagesse, qui furent une des gloires de son règne.

Pour entrer dans une corporation il fallait faire un apprentissage; l'apprenti passait *maître* une fois qu'il avait fait ses preuves en produisant un *chef-d'œuvre* de sa façon. Ces examens se passaient devant un tribunal formé par des jurés déterminés, c'est ce qu'on appelait la *jurande*.

Ces corporations contribuèrent beaucoup à l'affranchissement des classes inférieures et à l'établissement des libertés commerciales. Elles étaient une garantie pour la qualité des produits industriels, mais elles étaient trop assujetties à la routine et elles ne purent résister aux progrès sociaux qui ont amené la liberté du travail.

6. **De l'émancipation des esclaves.** — L'Église a toujours favorisé de tout son pouvoir l'émancipation des esclaves. Elle a établi des ordres pour le rachat des captifs; la traite des noirs a été condamnée par Pie II en 1482, par Paul III en 1537, par Urbain VIII

en 1639, par Benoît XIV en 1741, par Grégoire XVI
en 1839, et l'esclavage vient d'être flétri par Léon XIII.

Néanmoins ces horribles abus n'ont cessé que dans
ce siècle-ci. La Convention avait décrété, le 17 juillet 1793, la suppression de la prime accordée à ceux
qui faisaient la traite, et proclamé, le 5 février 1794,
l'affranchissement de tous les esclaves. Mais l'esclavage colonial fut rétabli sous le Consulat.

Le Parlement anglais proclama l'abolition de la
traite en 1807, et en 1815 la France et les autres puissances maritimes adoptèrent ce principe. Mais l'esclavage ne disparut qu'en 1833 des colonies anglaises, en
1846 des colonies françaises et en 1865 des États-Unis
d'Amérique. Il fut aboli successivement dans les An-
tilles et au Brésil.

7. De l'affranchissement des serfs. — Pour l'affranchissement des serfs, à l'action bienveillante de l'Église
s'ajoutèrent les croisades, l'établissement des communes et l'action de la royauté qui cherchait un appui
sur le peuple contre la féodalité. L'acte d'affranchissement le plus fameux en France fut l'ordonnance du
3 juillet 1315 par laquelle Louis le Hutin donna la
liberté aux serfs de la couronne. Cet exemple fut imité
par un certain nombre de seigneurs, et en France au
xviiᵉ siècle, il ne restait plus qu'un petit nombre de
serfs. La révolution de 1789 n'en eut que quelques
milliers à affranchir.

En Angleterre, sous Élisabeth, à la fin du xviᵉ siècle,
l'émancipation des serfs était achevée. En Russie elle
a eu lieu après la guerre de Crimée par un ukase du
19 février 1861.

8. De la liberté industrielle. — Les inventions, les

découvertes, l'amélioration des voies de transport, le développement du commerce ont amené la liberté industrielle. En 1776, Turgot supprima les maîtrises et les jurandes, qui étaient un obstacle à ce développement. A sa chute elles furent rétablies, mais la révolution de 1789 les abolit définitivement. Toute l'Europe a imité notre exemple et aujourd'hui la liberté du travail est à peu près complète.

CHAPITRE III

Des devoirs relatifs à l'honneur et à la réputation.

L'honnête homme tient à son honneur et à sa réputation plus qu'à sa vie. On y peut porter atteinte par les *injures* et les *outrages*, par la *calomnie*, la *médisance*, la *délation* et tous les mauvais procédés que l'envie peut inspirer.

1. **Des injures et des outrages.** — L'injure est une offense publique qui a pour but de nuire à la réputation d'autrui. Elle peut se faire par parole ou par action. On injurie quelqu'un par parole quand on lui reproche des actes ou des desseins malhonnêtes et on l'injurie par action quand on le frappe ignominieusement ou qu'on manifeste le mépris que l'on a pour lui.

On peut injurier une personne en la tournant en ridicule par des railleries qui lui enlèvent son estime et sa considération.

Si ces railleries se font devant elle, si on lui reproche en face ses mauvaises actions, l'injure devient un outrage et cette détraction est d'autant plus grave que celui qui se la permet bravant les réponses de celui qui en est l'objet, paraît par là même parfaitement sûr de la vérité de ses accusations.

On peut injurier un corps d'état, une profession quelconque. Il y a des écrivains qui attaquent constamment le clergé, la magistrature, l'armée, et qui se font de la diffamation un moyen de popularité ou de lucre. Il est certain que celui qui abuse de sa plume pour essayer de flétrir ce qu'il y a de plus respectable, assume sur lui une effrayante responsabilité.

2. De la calomnie. — La calomnie consiste à attribuer à quelqu'un une mauvaise action qu'il n'a pas faite ou à lui supposer des vices ou des défauts qu'il n'a pas. Ainsi c'est calomnier que de faire passer un homme sobre pour un ivrogne, un homme probe pour un voleur ou d'attribuer une faute quelconque à un individu, quoiqu'on sache bien qu'il ne l'a pas faite.

La calomnie est une faute très grave. C'est un mensonge pernicieux qui attaque tout à la jois la justice et la charité.

Elle est contraire à la justice puisqu'elle enlève à l'homme, sans qu'il l'ait mérité, l'honneur qui est le plus grand de tous les biens, la prérogative la plus inviolable et la plus sacrée.

Elle est opposée à la charité, car c'est se montrer l'ennemi le plus acharné de son semblable que de chercher à compromettre sa réputation, c'est-à-dire ce qu'il a de plus précieux au monde.

Quand on cherche les mobiles capables d'inspirer une pareille action on trouve les sentiments les plus honteux; la haine, l'envie, la vengeance et l'oubli de tous les devoirs.

3. De la médisance. — La médisance consiste à dire du mal de quelqu'un et à faire connaître ses vices ou ses défauts sans raison suffisante. Le mot *médire* signifie dire du mal en général.

Le calomniateur ment. Il dit du mal des autres, sachant bien que ce qu'il dit est faux. Le médisant dit ce qu'il croit exister, mais il a le tort de prendre plaisir à dénigrer son semblable.

Il y a des cas où l'on est autorisé à dire du mal d'autrui. Le témoin appelé en justice doit dire ce qu'il sait de la conduite de l'accusé. Un serviteur doit dire à son maître qu'on le vole, s'il a été témoin d'un larcin qui a été commis.

Mais quand il n'y a pas de motif grave pour révéler les fautes des autres et divulguer leurs défauts, on ne doit pas en parler.

La médisance est moins grave que la calomnie, puisqu'elle n'est pas un mensonge, une invention faite uniquement pour nuire à la réputation d'autrui. Mais elle est néanmoins une violation très coupable du grand précepte de la charité.

L'homme a droit à sa réputation et on ne peut pas la lui ravir sans motif.

Ne faites pas à autrui ce que vous ne voudriez pas qu'on vous fît à vous-mêmes. N'avons-nous pas tous besoin d'indulgence? Nous connaissons souvent nos fautes et nos défauts. Consentirions-nous à les laisser publier?

La médisance est d'autant plus grave qu'on n'est jamais bien sûr de ne pas dépasser les limites de la vérité. Souvent, sans nous en douter, nous ajoutons

à la gravité des faits que nous racontons. Ceux qui
nous écoutent sont portés eux-mêmes à croire qu'il y
en a encore plus qu'on en a dit, et la médisance touche
de si près à la calomnie qu'on passe quelquefois de
l'une à l'autre sans en avoir conscience.

« Par un seul coup de sa langue, dit saint François de
Sales, le médisant fait ordinairement trois meurtres :
il tue, d'un homicide spirituel, son âme et celle de
celui qui l'écoute, et il ôte la vie civile à celui de qui il
médit. »

4. **De la condamnation de la délation.** — La délation ou la dénonciation consiste à faire connaître à
un supérieur les fautes ou les défauts d'un de ses
subalternes.

Elle peut être faite de vive voix ou par écrit. De
vive voix elle est encore plus dangereuse, parce qu'on
peut être accusé sans pouvoir se défendre.

Il y a des cas où par position et par caractère on
est tenu de dénoncer les défauts des autres.

Mais quand un individu n'est pas obligé de surveiller quelqu'un et de rendre compte de sa conduite,
s'il lui arrive de la dénoncer à ses chefs, son rapport
serait-il exact, il n'en fait pas moins une mauvaise
action.

Le délateur agit dans l'ombre. Il se cache pour
porter le coup qu'il médite; son attaque est donc
une lâcheté. Parfois il dissimule son nom; l'anonymat
ajoute encore à sa perfidie, puisqu'il ôte à celui qui est
attaqué ses moyens de défense.

Cette action est ignominieusement flétrie par l'opinion. Le délateur est un infâme que les sociétés
honnêtes bannissent de leur sein.

Sous les gouvernements qui ne sont pas sûrs d'eux-

mêmes, ces misérables pullulent. A Rome au début
de l'Empire, ils faisaient l'effroi des bons citoyens.

Quand la délation est encouragée par le pouvoir,
il n'y a de tranquillité pour personne. La défiance
devient générale et on a toujours peur de rencontrer
sous les dehors de l'amitié un hypocrite qui abuse
des confidences qu'on lui fait.

5. De l'envie. — La délation naît le plus souvent
de l'envie. Car le délateur n'en veut ordinairement à
celui qu'il attaque que parce qu'il est jaloux de sa
fortune ou de la position qu'il occupe. Il obéit à cette
honteuse passion qui fait que l'on s'attriste du succès
des autres et qu'on se réjouit du mal qui leur
arrive.

L'envieux ne peut pas voir un de ses égaux réussir
sans désirer troubler son bonheur. Les événements
l'ayant servi mieux qu'on aurait voulu, on cherche
à compromettre son crédit et sa réputation et on
le dénonce méchamment à ceux qui peuvent lui
nuire.

Les anciens flétrissaient cette passion comme un
des vices les plus honteux et les plus déshonorants.
Les poètes disent qu'elle est fille de la nuit, pour
indiquer qu'elle recherche les ténèbres pour voiler
son action. Ils la représentent avec des serpents pour
chevelure pour montrer que toutes ses paroles sont
remplies du venin que recèlent toutes ses pensées. Ils
lui donnent pour guide l'avarice, parce qu'elle con-
voite toujours le bien d'autrui, et ils supposent qu'elle
a pour compagnes la malice et l'imposture parce
qu'elle ne craint pas d'avoir recours au mensonge
pour exécuter ses noirs desseins. J.-B. Rousseau,
qui l'a souvent rencontrée sur son chemin, l'a repré-

sentée sous ces traits dans la peinture qu'il en a
faite.

> Mais que vois-je? La noire Envie,
> Agitant ses serpents affreux,
> Pour ternir l'éclat de ma vie,
> Sort de son antre ténébreux.
> L'Avarice lui sert de guide;
> La Malice au souris perfide,
> L'Imposture aux yeux effrontés,
> De l'enfer filles inflexibles,
> Secouant leurs flambeaux horribles,
> Marchent sans ordre à ses côtés.

**6. De la réparation du tort causé à l'honneur ou à
la réparation d'autrui.** — Celui qui a fait tort injustement a quelqu'un dans son honneur ou sa réputation
est tenu à réparer le dommage qu'il lui a causé.

S'il l'a calomnié il est obligé de se rétracter et de
donner à sa rétractation, si cela est possible, autant
de publicité qu'à la calomnie.

Quand on a médit, la faute est moins grave, mais
elle est plus difficile à réparer. On ne peut rétracter
ce que l'on a dit, puisque la chose est vraie. On en est
réduit à faire des excuses à la personne, à atténuer
autant que possible, près des autres, le fâcheux effet de
ce que l'on a dit et à s'efforcer de relever celui qu'on a
atteint en parlant de ses excellentes qualités et en
faisant valoir du moins à titre de compensation ses
bonnes actions.

Si la médisance ou la calomnie a produit un tort
matériel à celui qui en a été l'objet, on est obligé de
l'indemniser. Ainsi on doit dédommager le marchand
des pertes qu'il a subies si on a détourné de lui ses
clients, l'ouvrier qu'on aurait empêché de travailler,
le domestique à qui l'on aurait fait perdre sa place et
ainsi des autres.

On ne peut donc trop surveiller à ce point de vue ses actes et ses paroles, d'autant plus qu'en attaquant les autres, on peut se faire le plus grand mal à soi-même.

La loi civile punit sévèrement les injures, les outrages et la diffamation et l'opinion frappe de l'anathème le plus flétrissant le délateur.

———————

CHAPITRE IV

Des devoirs relatifs aux biens d'autrui. De la justice.

1. De la justice en général. — La justice prise dans son sens le plus large est le respect du droit d'autrui. Le respect du droit d'autrui implique deux préceptes : l'un négatif et l'autre positif.

Ne nuire à personne, voilà le précepte négatif; rendre à chacun ce qui lui est dû ; tel est le précepte positif.

La justice renferme cette double obligation. Elle nous défend d'abord de nuire aux autres; car si je fais du mal à mon semblable, si je l'attaque dans sa personne ou dans ses biens, je lèse son droit.

Elle nous commande également de lui rendre ce que nous lui devons ; car si je ne remplis pas à son égard une obligation sur laquelle il compte, si par exemple je ne lui paye pas ce que je lui dois, je lui fais par là même du tort et je porte atteinte à ses biens.

2. Division générale de la justice. — On distingue

deux sortes de justice : la justice *distributive* et *rému-nérative* et la justice *commutative*.

3. De la justice distributive et rémunérative. — La justice distributive et rémunérative est celle qui fait rendre aux citoyens ce qui leur est dû par l'État, en les faisant participer aux avantages communs de la société, proportionnellement à leurs mérites.

La justice *distributive* répartit les charges, les fonctions et les dignités conformément aux talents et aux facultés de chacun. Elle nomme aux emplois dans la magistrature, dans l'armée et dans toutes les administrations publiques.

La justice *rémunérative* distribue les traitements, les pensions, les récompenses pécuniaires et les distinctions honorifiques en raison des services rendus.

Comme on ne peut préciser qu'approximativement les mérites de chacun et que leur valeur dépend de circonstances variables qui donnent plus ou moins de prix à leurs actes, cette justice ne peut obéir qu'à une appréciation morale qui change avec le caractère et la nature des personnes.

4. De la justice commutative. — La justice *commutative* est, comme son nom l'indique, celle qui règle les échanges, les conventions, les contrats exprès ou tacites, et qui rend à chacun ce qui lui est dû.

Elle ne s'occupe pas, comme la justice distributive, de la qualité ou du mérite des personnes, mais seulement de la chose convenue ou de la chose due. Elle traite d'égal à égal, ou plutôt elle ne s'occupe nullement des individus. Ainsi celui qui doit 100 francs ou 1.000 francs, qu'il soit duc ou marquis, valet ou palefrenier, est tenu de donner cette somme à celui à qui elle due, qu'il soit pauvre ou riche, qu'il en ait besoin ou non.

Cette espèce de justice qui repose sur l'égalité la plus stricte constitue ce qu'on appelle l'*équité*. L'*équité* consiste à reconnaître avec impartialité les droits de chacun. Elle doit présider aux échanges, aux ventes et à tous les contrats et faire que l'une des parties ne soit jamais sacrifiée à l'autre.

C'est de cette justice que nous avons à nous occuper ici. Nous traiterons : 1° Du respect de la propriété ; 2° de la violation de la propriété ; 3° du caractère sacré des promesses et des contrats ; 4° de l'équité, de la loyauté, de la délicatesse ; 5° de la restitution.

§ 1ᵉʳ. — DU RESPECT DE LA PROPRIÉTÉ.

1. Définition de la propriété. — Le mot *propriété* pris dans son acception la plus étendue signifie le droit que nous avons de posséder une chose et d'en disposer à notre gré.

Le droit de propriété implique donc le droit de changer une chose, de la transformer, de la dénaturer, de la détruire même, si on le juge à propos et par conséquent de la céder à un autre. Cette cession peut se faire à titre onéreux ou à titre gratuit. A titre onéreux c'est l'échange, la vente, la location ; à titre gratuit, la transmission héréditaire, la donation entre-vifs ou la donation testamentaire.

On peut donc définir la propriété en général : le droit de jouir et de disposer d'une chose d'une manière absolue, d'en changer la forme ou la substance, de la donner, de la prêter, de la vendre, de la détruire même, pourvu qu'on n'en fasse pas un usage prohibé par les lois ou par les règlements (C. civ., art. 544).

2. Des différentes sortes de propriétés. — On distingue différentes sortes de propriétés suivant qu'on considère la propriété en elle-même ou dans son objet.

En elle-même la propriété est parfaite ou imparfaite.

Elle est parfaite lorsque le propriétaire peut jouir et disposer de la manière la plus complète de ce qui est à lui, sans être gêné en rien dans l'exercice de son droit.

Elle est imparfaite lorsque le propriétaire est gêné ou limité dans l'exercice de son droit; comme le mineur qui ne peut disposer de ses biens tant qu'il n'a pas seize ans accomplis, ou comme la femme mariée qui a besoin du consentement de son mari ou d'une autorisation judiciaire.

On peut aussi n'avoir que l'usufruit d'un bien dont la nue propriété appartient à un autre ou n'en avoir que l'usage, ce qui est encore plus restreint. Ainsi on peut avoir l'usage d'un jardin sans avoir le droit d'en recueillir les fruits.

Au point de vue de l'objet on distingue les biens meubles et immeubles. Les premiers sont ceux qu'on peut transporter d'un lieu à un autre, comme l'or, l'argent, les bijoux, les billets, les habits, le linge, etc.

Dans les temps primitifs, lorsque les sociétés étaient nomades, les propriétés se bornaient aux vêtements, aux fruits spontanés du sol, aux troupeaux et aux instruments de travail.

Les seconds sont ceux qu'on ne peut transporter comme les fonds de terre, les bâtiments, les usines, etc.

Lorsque les sociétés sont devenues sédentaires, la propriété foncière et immobilière est devenue nécessaire.

La propriété s'est étendue à mesure que la civi-

lisation s'est développée. Elle comprend aujourd'hui
des droits qui n'ont rien de corporel; telles sont la
propriété industrielle, la propriété scientifique, la
propriété artistique et la propriété littéraire.

**3. De l'origine et de la formation du droit de pro-
priété.** — La propriété a pour principe deux grands
éléments : l'occupation et le travail combinés.

« La personne, dit Cousin, a le droit d'occuper les
choses et en les occupant elle se les approprie; une
chose devient par là propriété de la personne, elle lui
appartient à elle seule, et nulle autre personne n'y a
plus droit. C'est ainsi qu'il faut entendre le droit de
première occupation. Ce droit est le fondement de la
propriété hors de nous, mais il suppose lui-même le
droit de la personne sur les choses, et, en dernière
analyse, celui de la personne, comme étant la source
et le principe de tout droit.

« La personne humaine, intelligente et libre et qui,
à ce titre, s'appartient à elle-même, se répand successivement sur tout ce qui l'entoure, se l'approprie et se
l'assimile; d'abord son instrument immédiat, le corps,
puis les diverses choses inoccupées dont elle prend
possession la première. et qui servent de moyen, de
matière ou de théâtre à son activité. Ainsi doit être
expliqué le droit du premier occupant, après lequel
vient le droit qui naît du travail et de la production.

« Le travail et la production ne constituent pas,
mais confirment et développent les droits de propriété. L'occupation précède le travail, mais elle se
réalise par le travail. Tant que l'occupation est toute
seule, elle a quelque chose d'abstrait en quelque manière, d'indéterminé aux yeux des autres. et le droit
qu'elle fonde est obscur; mais quand le travail s'ajoute

à l'occupation il la déclare, la détermine et lui donne une autorité visible et certaine.

« Par le travail, en effet, au lieu de mettre simplement la main sur une chose qui n'appartenait encore à personne, nous y imprégnons notre caractère, nous nous l'incorporons, nous l'unissons à notre personne. C'est là ce qui rend respectable et sacré aux yeux de tous la propriété sur laquelle a passé le travail libre et intelligent de l'homme. Usurper la propriété qu'il possède en qualité de premier occupant est une action injuste; mais arracher à un travailleur la terre qu'il a arrosée de ses sueurs est, aux yeux de tous, un crime manifeste...» (*Justice et charité.*)

4. **De l'inégalité des biens**. — La propriété étant le fruit de l'intelligence et du travail, les biens doivent être nécessairement très inégaux. Il y a bien des degrés dans l'intelligence humaine; il y en a encore davantage dans la volonté. S'il y a des hommes intelligents, laborieux, économes, il y en a aussi beaucoup de stupides, de paresseux et de prodigues. Il n'est pas possible qu'une personne vicieuse arrive aux mêmes résultats qu'une personne honnête. Ce serait d'ailleurs une chose déplorable.

La valeur intellectuelle et morale des individus étant très inégale, leur production doit l'être inévitablement. C'est ce qui explique l'inégalité des fortunes, et c'est ce qui fait que dans toute société il y aura toujours des pauvres et des riches.

Les socialistes, les communistes voudraient que tous les biens fussent mis en commun, et partagés par égale part entre tous les individus. Mais le lendemain de ce partage, l'inégalité renaîtrait. L'un n'aurait rien produit et aurait beaucoup consommé;

l'autre aurait vécu de peu et aurait produit beaucoup.

L'inégalité de la fortune est donc la conséquence inévitable de l'inégalité naturelle des personnes et il faut laisser à chacun le fruit de son travail et le produit de ses économies, si l'on veut exciter l'émulation et engager l'homme à féconder la terre et à développer le bien-être universel, qui résulte de l'activité et des efforts de chacun.

§ 2. — DE LA VIOLATION DE LA PROPRIÉTÉ.

1. **Des principales manières de porter atteinte à la propriété.** — Toutes les propriétés, quelles qu'elles soient, petites ou grandes, mobilières ou immobilières, industrielles ou littéraires, doivent être respectées. Elles sont le fruit du travail individuel et personnel; on ne peut y porter atteinte sans violer les droits les plus sacrés de l'homme considéré comme être intelligent et raisonnable.

Ce n'est pas la loi civile qui crée le droit de propriété. C'est un droit naturel indépendant des lois humaines. Mais ce droit naturel est protégé par les lois civiles qui en règlent l'exercice dans l'intérêt de la société elle-même.

La violation de la propriété est donc une faute très grave, puisqu'elle est une transgression d'une des lois fondamentales de la société.

Elle est défendue par le septième précepte du Décalogue : Vous ne commettrez pas de larcin.

On peut porter atteinte à la propriété par le vol, la fraude et une foule d'autres injustices.

2. **Du vol.** — Le vol consiste à s'emparer du bien d'autrui, contrairement à la volonté de son légitime possesseur.

Le vol change de nom suivant la nature de la chose volée ou la manière dont on s'en empare.

Si l'on prend purement et simplement la chose d'autrui, sans violence, c'est un vol simple ou un *larcin*.

Si le vol se fait en présence du maître qui s'y oppose, mais qu'on violente pour le dépouiller, c'est la *rapine*.

Quand on enlève violemment les biens d'une ville ou d'une maison, c'est un *pillage*.

Le vol se fait-il à mains armées par plusieurs malfaiteurs réunis, c'est un *brigandage*.

Le vol des deniers publics dont on a l'administration est un *péculat*. Celui d'un enfant qu'on enlève à ses parents est un *plagiat*.

Le vol d'une chose sacrée commis dans un lieu saint est un *sacrilège*.

Le vol commis par un domestique, un voiturier, un aubergiste est un vol de *confiance* que le Code pénal punit très sévèrement.

Pour apprécier la gravité du vol on regarde aussi s'il a été commis de nuit, avec effraction, si le voleur a escaladé des murs, s'il avait sur lui des armes ou de fausses clefs.

Il faut aussi considérer l'état de fortune de la personne volée. Car c'est un mal plus grand de voler un pauvre que de voler un riche. Celui qui dérobe à un ouvrier une somme qui représente pour lui plus d'une journée de travail lui fait certainement un tort grave, tandis qu'un riche eût pu supporter cette perte sans s'en apercevoir.

Le vol n'est jamais permis et la justice humaine le punit avec raison des peines les plus sévères, parce que le respect du bien d'autrui est la base fondamentale de l'ordre social.

3. De la fraude sous toutes ses formes. — On peut encore faire tort à autrui en usant de fraude et de dissimulation ou de tromperie.

Le marchand est coupable quand il se sert de faux poids et de fausses mesures, quand il altère sa marchandise, le vin par exemple ou le lait, en y mêlant de l'eau ou d'autres substances, quand il trompe sur la qualité de la marchandise en assignant à un objet une provenance fausse ou un mérite imaginaire, quand il abuse de l'ignorance de l'acheteur pour lui vendre une chose bien au-dessus de sa valeur.

Ils agissent aussi d'une façon frauduleuse les domestiques qui font payer à leurs maîtres les denrées qu'ils achètent plus qu'elles ne leur coûtent ou qui en secret donnent du pain, du vin, de la viande ou d'autres objets de la maison; les ouvriers à la journée qui emploient mal leur temps ou qui font du mauvais travail, par défaut d'attention ou de soin, les tailleurs qui gardent une partie de l'étoffe qu'on leur a donnée, en un mot tous ceux qui s'enrichissent par des moyens contraires à la justice.

Nous ne pouvons pas ici énumérer toutes les formes sous lesquelles la fraude peut se produire; elles sont innombrables. Nous dirons seulement qu'il y a fraude et tromperie toutes les fois qu'on ne tient pas ses engagements.

§ 3. — DU CARACTÈRE SACRÉ DES PROMESSES ET DES CONTRATS.

1. Caractère sacré des promesses. — Les engagements que l'on prend sont des promesses ou des contrats.

La promesse est un engagement par lequel on

s'oblige gratuitement à donner ou à faire une chose en faveur d'une personne.

Il ne s'agit pas ici de ces protestations vagues et indéterminées que l'on fait parfois en disant aux autres qu'on leur est tout dévoué, qu'on met à leur disposition tout ce que l'on a et qu'on sera toujours prêt à leur rendre service. On ne doit pas prodiguer sans motif ces bonnes paroles, mais on ne les regarde dans le commerce de la vie que comme des formules de politesse qui témoignent des sentiments d'amitié que l'on éprouve, mais qui n'ont rien d'absolument obligatoire.

Pour que la promesse oblige, il faut qu'elle soit un contrat. Elle n'est un contrat qu'autant que celui qui l'a faite témoigne qu'il entend s'obliger strictement à donner ou à faire la chose promise, et que celui en faveur de qui la promesse est faite l'accepte.

Dans ce cas les deux parties sont liées par le consentement de leur volonté et l'accomplissement de la promesse devient une chose sacrée. Si elle est écrite elle oblige d'après les lois civiles, mais si elle n'est que verbale elle oblige devant la conscience et on ne peut y manquer sans faire tort à celui qui l'a acceptée, puisqu'il y a compté et qu'il a dû agir en conséquence.

Une promesse conditionnelle n'oblige qu'autant que la condition est remplie.

Toute promesse faite pour engager quelqu'un à faire une mauvaise action est nulle. En faisant une pareille promesse on a fait une faute et on en ferait une autre en l'accomplissant.

Ainsi celui qui a promis une somme quelconque à un individu pour qu'il tue, frappe ou dépouille une personne quelconque doit rétracter sa promesse et reprendre, s'il le peut, l'argent qu'il a donné.

Il y a aussi des promesses qui deviennent nulles par suite de circonstances qui changent la condition où l'on se trouvait quand on les a faites. Ainsi une personne riche s'est engagée à donner à un pauvre une rente annuelle; elle perd sa fortune, il est bien évident qu'elle n'est plus tenue à rien. Au contraire le pauvre fait un héritage et il devient riche; il est certain que la rente qu'on lui faisait n'a plus sa raison d'être et il doit être le premier à en demander la suppression.

2. **Des différentes espèces de contrats.** — Le contrat est le moyen le plus ordinaire d'acquérir ou de transférer la propriété. On le définit : Une convention par laquelle une ou plusieurs personnes s'obligent envers une ou plusieurs autres, à donner, à faire ou à ne pas faire quelque chose.

Il y a plusieurs sortes de contrats.

On peut s'engager envers quelqu'un, sans qu'il y ait, de la part de cette personne, aucun engagement. C'est ce que l'on fait dans le cas d'une donation qui n'est grevée d'aucune charge. Ce contrat est appelé *unilatéral*.

Si les deux parties contractantes s'engagent l'une et l'autre, le contrat est *bilatéral* ou *synallagmatique*. C'est ce qui a lieu dans la vente; le vendeur est obligé de livrer la chose vendue et l'acheteur doit lui en remettre le prix.

Le contrat est *commutatif* quand chacune des parties s'engage à donner ou à faire une chose équivalente à celle qu'on lui donne ou qu'on fait pour elle. La vente, la location, l'échange sont des contrats *commutatifs*.

Lorsque l'équivalent consiste dans une chance de

perte ou de gain pour les deux parties, le contrat est *aléatoire*. Tels sont le jeu, les paris, la vente d'un coup de filet.

On distingue les contrats de *bienfaisance* et les contrats à *titre onéreux*. Dans les premiers une partie procure à l'autre un avantage purement gratuit ; dans les seconds chacune des parties est tenue à donner ou a faire quelque chose.

Enfin il y a les contrats *solennels* qui sont soumis a certaines formalités, comme le mariage, la donation, et les contrats *non-solennels* qui se concluent librement entre particuliers, comme la vente, le louage, etc.

3. De la validité des contrats. — Pour qu'un contrat soit validé, il faut qu'il réunisse les quatre conditions suivantes :

1° Le libre consentement des parties. Si l'un des contractants a été contraint par la force ou la violence, le contrat est nul, parce qu'il n'avait pas le degré de liberté voulu pour donner un consentement véritable et réfléchi.

2° Les mineurs, une femme mariée. un interdit ou un individu mort civilement ne peuvent en certains cas s'obliger civilement. Mais dans les cas où la loi ne les frappe pas d'interdiction, ils peuvent contracter des engagements qui les obligent au point de vue dela conscience, s'ils jouissent de leur raison et de leur liberté.

3° Il faut que l'obligation ait pour objet une chose déterminée quant à ses espèces, par exemple un cheval, une maison, mais non un animal ou un immeuble en général.

4° Il est nécessaire que l'obligation soit licite, car on ne peut pas prendre l'engagement de faire une chose qui blesserait la justice, les lois divines ou humaines, ou les bonnes mœurs. De pareilles conventions sont de nul effet, puisqu'elles sont à l'avance défendues par la loi et la morale.

Mais quand un contrat réunit les conditions que nous venons d'énumérer, il est obligatoire pour toutes les parties contractantes et la justice humaine condamnerait celle des deux parties qui voudrait se soustraire aux engagements qu'elle a pris.

§ 4. — DE L'ÉQUITÉ, DE LA LOYAUTÉ ET DE LA DÉLICATESSE.

1. **De l'équité et de la légalité.** — L'observation des promesses et des contrats est exigée par l'équité.

La morale est ici d'accord avec le droit. Cependant il y a une distinction à faire entre la légalité et l'équité.

Ce qui est légal n'est pas toujours équitable.

La légalité s'en tient généralement aux termes du contrat et elle n'a pas à rechercher si la convention a tenu parfaitement compte des intérêts des deux parties et si l'une n'a pas été sacrifiée à l'autre.

C'est aux contractants à défendre leurs intérêts. S'ils les ont mal compris, le juge ne peut pas s'écarter des conventions faites pour rétablir l'équilibre qui a été rompu.

L'équité a précisément pour objet de maintenir la balance entre les contractants.

Comme dans les contrats commutatifs, l'un donne et l'autre reçoit, l'équité veut que les deux parts soient à peu près équivalentes.

S'il y a eu une trop grande disproportion, l'équité réclame en faveur de la partie qui a été sacrifiée et exige une compensation.

Mais ce langage ne peut être entendu que de la conscience et trop souvent on trouve des subterfuges et on se retranche derrière la légalité qui devient un boulevard inexpugnable.

2. De la loyauté. — La loyauté est la qualité de l'homme qui est franc et droit en affaires. Le négociant loyal ne s'inspire que de son honnêteté. Il sait comme un autre défendre ses intérêts, mais il ne le fait jamais par de mauvais moyens. Il n'a pas recours à la dissimulation et au mensonge et il ne tend pas de pièges à la bonne foi de son client. Il ne voudrait pas profiter de son ignorance et lui faire faire sciemment ce qu'on appelle une mauvaise affaire.

Il ne s'avantage pas non plus et il ne se donne pas un crédit qu'il n'a pas. Il se renferme dans les limites de ses ressources et il ne prend jamais des engagements qu'il ne croirait pas pouvoir tenir. La parole avec lui, comme on dit vulgairement, vaut de l'écrit ; parce qu'il ne songe en aucun cas à se dérober aux responsabilités qu'il a prises.

L'homme loyal c'est l'homme d'honneur qui mérite l'estime et la confiance de tout le monde.

3. De la délicatesse. — La délicatesse est en quelque sorte la fleur de la loyauté. Elle y ajoute un sentiment particulier qui fait que l'on craint jusqu'à l'ombre du mal.

La loyauté se conforme à la loi et aux prescriptions ordinaires de la conscience. La délicatesse va au-devant des susceptibilités d'autrui et écarte tout ce qui pourrait faire naître le moindre nuage, le plus léger soupçon.

Les personnes délicates ne se bornent pas à l'observation de la justice en matière grave, mais leur conscience s'offense des moindres transgressions et c'est ce qui fait que dans le cas d'un doute, elles préfèrent prendre le parti le plus sûr et renoncer à un droit qu'elles pourraient strictement revendiquer.

Ces personnes sont rares ; c'est un motif, quand on les rencontre, pour leur témoigner d'autant plus de considération.

§ 5. — DE LA RÉPARATION DES INJUSTICES. DE LA RESTITUTION.

1. De l'obligation de restituer. — Il est certain que, quand on a fait tort à son semblable, de quelque manière que ce soit, on doit lui rendre ce qu'on lui a pris.

Là-dessus on ne peut pas élever le moindre doute. La loi naturelle, le Décalogue, les lois ecclésiastiques et civiles proclament cette obligation.

La restitution a pour but de rétablir l'équité que le dommage causé à autrui a troublée.

Il faut donc qu'elle soit proportionnée à la perte qu'a subie la partie lésée.

2. De ceux qui sont tenus de restituer. — Mais il n'y a pas que le voleur qui soit tenu de restituer, cette obligation incombe à tous ceux qui ont coopéré à la mauvaise action qu'il a faite. Ainsi ceux qui lui ont commandé de voler, ceux qui le lui ont conseillé, ceux qui l'ont aidé à le faire, ceux qui ont participé à son butin, ceux qui l'ont recélé, sont tenus à indemniser le propriétaire du tort qui lui a été causé.

Un juge qui se laisse corrompre pour rendre une sentence injuste, un notaire qui prête son ministère à

un acte déloyal, un officier ministériel quelconque
qui favorise la fraude ou l'injustice par une complai-
sance coupable, en un mot tous ceux qui contribuent
à un tort quelconque causé aux particuliers ou à
l'État sont obligés de le réparer.

3. De ceux qui en sont exempts. — Ceux qui n'ont
pas le moyen de restituer en sont exempts, mais ils
doivent être dans la disposition de le faire, s'ils arri-
vaient à une position de fortune qui leur permit de
remplir leur devoir.

La loi civile dispense de restituer après un certain
temps, lorsqu'il y a prescription. Mais la conscience
n'admet ce cas d'exemption que dans la bonne foi.

On est aussi dispensé de restituer quand la partie
lésée a disparu ou quand le tort a été causé à un très
grand nombre d'individus que l'on ne peut personnellement indemniser, comme quand un marchand en
détail, un épicier, par exemple, a vendu à faux poids ou
à fausses mesures à ses innombrables clients. Mais on
doit dans ce cas faire des bonnes œuvres et répartir
les sommes à restituer entre les pauvres de la localité
où le tort a été causé.

La justice donne ainsi la main à la charité.

CHAPITRE V

Des devoirs relatifs à la charité.

1. De la charité. — Quand nous avons respecté la
personne des autres, dit Victor Cousin, que nous

n'avons ni contraint leur liberté, ni étouffé leur intelligence, ni maltraité leur corps, ni attenté à leur
famille ou à leurs biens, pouvons-nous dire que nous
ayons accompli toute la morale à leur égard? Un
malheureux est là souffrant devant nous. Notre conscience est-elle satisfaite, si nous pouvons nous rendre
le témoignage de n'avoir pas contribué à ses souffrances? Non, quelque chose nous dit qu'il est bien
encore de lui donner du pain, des secours, des conso-
lations. Ce quelque chose est la charité.

Cette vertu nous ordonne de faire pour les autres
ce que nous désirerions raisonnablement qu'ils fissent
pour nous-mêmes, eu égard à la position de chacun.

Cicéron a bien remarqué dans son livre *Des Devoirs*
qu'à côté de la justice il fallait faire place à une autre
vertu qu'il appelle la libéralité. Mais il met à cette
vertu tant de restrictions qu'il est loin d'arriver à la
hauteur de la charité véritable.

La charité est obligatoire comme la justice, mais
les devoirs qu'elle prescrit n'ont pas le même caractère. Il est nécessaire de bien établir la différence
qu'il y a entre ces deux sortes de devoirs.

**2. Des différences qu'il y a entre les devoirs de
justice et de charité.** — 1° Les devoirs de justice sont
négatifs. Ne faites de mal à personne. Ils sont stricts,
absolus et peuvent être forcés.

Les devoirs de charité sont des devoirs positifs.
Faites du bien aux autres. Ils sont larges et ne peuvent
être exigés. Ils sont libres, et c'est dans leur liberté,
dit Victor Cousin, que consiste leur beauté.

2° Les devoirs de justice sont déterminés quant à
leur objet, au temps de leur accomplissement, et aux
personnes qu'ils regardent.

Ainsi je dois de l'argent; la somme est fixée, l'époque du payement également et la personne à qui je dois payer. Je ne puis m'acquitter qu'en remplissant exactement les conditions arrêtées.

Les devoirs de charité n'ont aucun de ces caractères. Si je suis riche je dois donner, mais c'est à moi à choisir les pauvres que je veux soulager, à fixer la somme que j'ai l'intention de leur donner et le moment où il me plaira de la distribuer.

3° Les devoirs de justice correspondent à des droits qu'on est tenu de respecter. C'est pour ce motif que celui qui ne les remplit pas peut être traduit devant les tribunaux.

Les devoirs de charité s'exercent envers des personnes à qui il n'est rien dû. Si un riche refuse un secours à un pauvre, celui-ci ne peut pas se dire lésé dans son droit et l'attaquer pour l'obliger à lui venir en aide.

4° Les devoirs de justice pour le même motif sont permanents. Ils subsistent tant qu'ils n'ont pas été remplis.

Les devoirs de charité n'ont pas ce caractère. Ils varient au contraire avec le temps, les personnes et leurs conditions de fortune. Si une personne les a négligés à une époque de sa vie, on l'engage à compenser cette négligence par des libéralités plus grandes, mais elle ne sera pas tenue à restituer.

3. Des œuvres de charité. — La charité est la plus belle des vertus. Elle est supérieure à la justice. Car la justice nous défend seulement de faire du tort au prochain, tandis que la charité nous ordonne de lui faire du bien.

Les principales vertus qu'elle inspire sont : le

pardon des injures, la reconnaissance, la bienfaisance, l'aumône, le dévouement et l'esprit de sacrifice.

4. **Le pardon des injures.** — L'offensé est naturellement porté à se venger d'une injure, d'un outrage qu'il a reçu. Mais ce sentiment est mauvais.

Il n'est permis à personne de se faire justice à soi-même. Quand on a été l'objet d'une offense quelconque, on peut en référer aux tribunaux ou si la réparation judiciaire offre des inconvénients, laisser l'opinion se prononcer ou attendre la justice de Dieu qui rendra à chacun selon ses œuvres.

Si la vengeance privée était permise, les offenses succéderaient aux offenses, les injures aux injures et la société serait en proie à des guerres perpétuelles.

Les sages de l'antiquité ont vu ces déplorables conséquences, et les ont prévenues en défendant de rendre le mal pour le mal. Il ne faut pas faire de mal, dit Socrate, même à ceux qui en ont fait.

Jésus-Christ dans l'Évangile a fait du pardon des injures un devoir si pressant qu'il nous fait dire à Dieu tous les jours dans la prière qu'il nous a apprise ces belles paroles : « Pardonnez-nous nos offenses comme nous les pardonnons à ceux qui nous ont offensés. »

5. **De la reconnaissance.** — Le pardon des injures qui nous empêche de rendre le mal pour le mal est le premier degré de la charité. La reconnaissance qui consiste à faire ou à vouloir du bien à ceux qui nous en ont fait est le second.

La reconnaissance, dit Cicéron, est le premier de tous les devoirs. Hésiode nous ordonne de rendre avec usure, si faire se peut, ce qu'on nous a prêté. A quoi donc un bienfait ne nous oblige-t-il pas? Ne devons-nous pas imiter ces champs fertiles, qui rapportent beaucoup plus qu'ils n'ont reçu? Si nous n'hésitons pas à rendre des services à ceux qui peuvent nous être utiles, que ne devons-nous pas à ceux qui nous ont prévenus? (Cicéron, *Des Devoirs*, liv. I, chap. XV.)

Il semble qu'il n'y ait rien de plus naturel, ni de plus agréable que l'accomplissement de ce devoir; cependant rien n'est plus rare. C'est déjà beaucoup que celui qui a reçu un bienfait se borne à une ingratitude négative, c'est-à-dire qu'il reste indifférent à l'égard de son bienfaiteur, qu'il ne lui fasse ni bien, ni mal.

Trop souvent l'obligé se sent humilié par le souvenir du bienfait reçu et pour s'en affranchir il cherche à trouver en faute vis-à-vis de lui celui qui lui a rendu service. Pour résister à cette disposition orgueilleuse, il faut qu'on lutte contre la nature égoïste et injuste et comme la reconnaissance est le fruit de cette victoire, on la considère à juste titre comme une vertu.

6. **De la bienfaisance.** — La bienfaisance va plus loin que la reconnaissance. Elle fait du bien à tout le monde, aux inconnus comme aux autres.

Cicéron recommande aussi cette vertu, mais il voudrait que les dons des personnes généreuses fussent proportionnés aux mérites de ceux qui les reçoivent.

Ce serait un prétexte pour ne donner presque jamais. Car l'origine de la pauvreté a toujours ses griefs. Celui-ci est un paresseux, celui-là un ivrogne, un autre un prod'gue.

Dans l'état actuel de la société, celui qui n'a pas de

passions regrettables se suffit et ne tombe pas dans la
misère. La charité véritable ne regarde pas aux défauts
de ceux qui souffrent. Elle sait que comme il y a de
mauvais riches, il faut aussi qu'il y ait de mauvais
pauvres. et que ce sont les vices des hommes qui
font leur malheur.

Elle s'inquiète seulement si la souffrance et le
dénûment sont véritables. Car il y a de faux pauvres,
que l'on doit repousser avec horreur. Mais quand elle
voit que celui qui lui demande est dans le besoin, elle
ouvre la main sans s'occuper d'autre chose.

Il n'y a pas de pays où la bienfaisance publique
vienne en aide à la charité privée avec autant d'éclat
qu'en France.

L'État, dit M. Barreau, prend le pauvre à sa nais-
sance et l'assiste à toutes les époques de la vie et jusqu'au dernier jour de sa vieillesse. Il y a des asiles et
des secours pour les enfants abandonnés; l'État les
recueille et leur tient lieu de famille; les uns sont
reçus dans les hospices, d'autres sont placés à la cam-
pagne; beaucoup sont élevés dans les colonies industrielles ou agricoles.

Les indigents qui ne sont pas malades reçoivent,
par l'intermédiaire des bureaux de bienfaisance et de
l'assistance publique du pain, des aliments, des habits, des lits et de l'argent.

Ceux qui sont malades sont reçus dans des hôpi-
taux richement dotés, entretenus avec une propreté,
un soin et un ordre admirables. Nos médecins les
plus savants, nos chirurgiens les plus habiles se font
une gloire de mettre à leur service toutes les ressources de leur art.

Il y a en outre des hospices, c'est-à-dire des habi-
tations permanentes où demeurent les aliénés, les

incurables, les vieillards pauvres qui se trouvent ainsi à l'abri du besoin et de la misère.

Des salles d'asile, des ouvroirs, des écoles gratuites et une foule d'autres institutions sont ouvertes aux enfants pour faciliter leur éducation à leurs parents.

7. De l'aumône. — Ces efforts de l'État ne ralentissent nullement la bienfaisance des particuliers. L'aumône sous toutes ses formes est le moyen le plus ordinaire qui est à leur disposition pour soulager les malheureux.

Je dis sous toutes ses formes : car l'aumône ne consiste pas seulement à donner un secours matériel à un indigent. C'est une obligation multiple à laquelle le riche ne peut se soustraire surtout dans les temps de disette, ou lorsque le pays est ravagé par des inondations, par la guerre ou par d'autres fléaux. Il faut recueillir, si on le peut, les familles qui sont sans asile, donner à manger à ceux qui ont faim, vêtir ceux qui sont nus, soigner les malades, et soulager tous ceux qui sont dans la détresse.

Jésus-Christ nous dit dans l'Evangile que les riches qui ne font pas l'aumône seront condamnés à la peine éternelle.

Mais les misères corporelles ne sont pas les seules qui doivent exciter notre compassion.

L'homme éprouve parfois du côté de l'intelligence et du cœur des besoins plus pressants que ceux qui l'affligent du côté du corps.

C'est un égaré qui a souvent besoin de conseils, un ignorant qu'il faut instruire, un paresseux qu'on doit encourager, un prodigue à qui il est utile d'apprendre l'économie, un misérable qu'il est nécessaire de réhabiliter à ses propres yeux.

Quand à un secours matériel on sait joindre à propos une bonne parole, le bien que l'on fait est centuplé.

8. Du dévouement. De l'obligation d'assister ses semblables dans le péril. — Le dévouement est le degré le plus élevé de la charité. C'est assurément une belle chose que de donner une partie de ses biens aux pauvres; mais il n'est pourtant pas très difficile quand on a beaucoup d'argent d'en donner un peu. C'est une privation dont on ne se ressent guère.

C'est une plus belle chose encore que de ne pas craindre de se mettre personnellement en rapport avec les malheureux, d'affronter toutes les répugnances que peuvent inspirer leurs infirmités et leurs misères et de leur porter quelques mots de consolation. Car l'homme ne vit pas seulement de pain et dans l'infortune le moral est ordinairement plus à plaindre que le physique.

Mais quand on se dévoue tout entier à ceux qui souffrent, qu'on leur consacre tout son temps, toute son intelligence et toutes ses forces, la charité arrive à la limite la plus élevée.

Parmi nous ce dévouement ne se rencontre pas seulement parmi les religieux et les religieuses qui en font la condition de leur état, mais il est l'apanage des conditions les plus humbles et les plus communes. Le savant, le marin, le soldat, l'institutrice, le brocanteur, le collégien, le cocher, en un mot toutes les classes de la société le pratiquent à un degré qui atteint facilement à l'héroïsme.

9. Du sacrifice. — Quand le Français voit son semblable en péril, il ne raisonne plus. Au milieu des

flots comme au milieu des flammes, partout où il aperçoit un danger imminent pour autrui, il s'élance spon-
tanément et risque volontairement sa vie pour sauver
celle des autres.

Cette générosité ne se manifeste pas seulement
dans les hommes, mais elle se trouve même chez
les enfants. Il y a des enfants de quinze, de douze
ans et au-dessous qui ont mérité des médailles
d'honneur et dont les noms sont inscrits dans les
annales du bien.

Il semble, comme le dit Maxime du Camp, qu'en
notre pays l'exercice du bien soit instinctif ; pour le
pauvre, c'est une consolation ; pour le riche, c'est un
devoir ; pour tous c'est une jouissance où l'on trouve
un double bénéfice : l'apaisement des maux de son
semblable et l'amélioration de soi-même.

CHAPITRE VI

**Des devoirs de l'amitié. Du respect de la vieillesse
et des supériorités morales.**

1. Objet de ce chapitre. — Indépendamment des
rapports généraux que nous devons avoir envers tous
les hommes, il y en a de spéciaux qu'il nous reste à
considérer. Tels sont nos rapports avec nos amis,
avec les vieillards et ceux qui sont revêtus vis-à-vis
de nous d'une certaine supériorité morale.

2. De l'amitié. — Cicéron définit l'amitié un accord
parfait de sentiments sur toutes les choses divines et

humaines, joint à une bienveillance et une affection réciproque.

Cela ne signifie pas que deux amis doivent être toujours du même sentiment. Car on peut être intimement lié avec quelqu'un sans être pour cela de son avis en toutes circonstances.

Mais Cicéron a voulu dire que les amis sont toujours d'accord sur les points fondamentaux qui servent de base à leur conduite. Car il ne conçoit d'amitié véritable qu'entre les gens vertueux, par conséquent qu'entre des hommes qui ont les mêmes principes et qui les observent.

« L'amitié résulte de cette sympathie qui fait, dit Montaigne, que les âmes se mêlent et se confondent l'une en l'autre d'un meslange si universel, qu'elles effacent et ne retrouvent plus la cousture qui les a jointes. »

On ne peut dire comment cette union se forme et quelle en est la cause. « A notre première rencontre, qui fut par hasard, dit encore Montaigne en parlant de La Boëtie son ami, en une grande feste et compagnie de ville, nous nous trouvasmes si prins, si cogneus, si obligés entre nous, que rien de bon ne nous feut si proche que l'un à l'autre. »

« Si on me presse de dire pourquoy je l'aymay, je sens que cela ne se peut exprimer qu'en respondant : Parce que c'estait luy; parce que c'estait moy. »

L'amitié, dit Cicéron, est le soleil de la vie. C'est en elle qu'on trouve ces trésors dont les hommes font tant d'estime; l'honnêteté, la gloire, la tranquillité et la joie de l'âme, tous ces biens dont la possession fait le bonheur de l'existence et hors desquels il n'y a plus que misère.

« L'ami fidèle, dit le Sage, est une forte protection; celui qui l'a trouvé a trouvé un trésor.

4

« Rien n'est comparable à l'ami fidèle; et l'or et l'argent ne méritent pas d'être mis en balance avec la sincérité de sa foi. » (*Eccl.* vi, 14-16.)

Mais pour avoir de vrais amis, il faut en être digne et pour en être digne il faut remplir les devoirs que l'amitié impose.

8. **Des devoirs de l'amitié.** — Ces devoirs sont : 1° La droiture et la franchise ; 2° la confiance ; 3° le dévouement.

1° La droiture et la franchise doivent être la règle de l'homme de bien dans toutes les situations où il peut se trouver.

Cependant il y a des précautions à prendre dans le commerce habituel de la vie. La prudence veut qu'on ne mette pas à jour tous ses desseins, parce qu'en y allant trop à découvert on en compromettrait le succès.

Mais avec un ami on ne doit pas craindre de s'ouvrir et de manifester ses pensées. C'est souvent un besoin parce qu'on désire avoir son avis et on ne peut le consulter sérieusement qu'autant qu'on lui fait connaître les projets que l'on médite et les moyens qu'on peut employer pour les exécuter.

Ces communications faites avec sincérité entretiennent l'amitié et la fortifient parce qu'elles prouvent la confiance que l'on a dans l'ami à qui on se livre ainsi avec le plus grand abandon.

2° Car la confiance réciproque est en même temps le signe et le principe de l'amitié. Du moment où deux amis ont cessé d'avoir confiance l'un dans l'autre, leurs relations sont faussées et l'amitié est détruite.

Pour que ce malheur n'arrive pas, il est nécessaire de n'admettre jamais les délations, les rapports défa-

vorables. Si l'on vous dit du mal de votre ami, il faut
repousser cette dénonciation comme une calomnie et
ne vous rendre qu'autant que le fait serait évidemment démontré.

Quand on sait qu'on n'est pas disposé à entendre
les rapports, on n'en fait pas et la bonne harmonie
n'est jamais troublée.

On doit regarder un ami comme un autre soi-
même, être sûr de lui comme on est sûr de soi et
repousser comme une chose invraisemblable toute
accusation qui le compromet.

3° La confiance inspire le dévouement. Deux amis
doivent vivre l'un pour l'autre et être toujours prêts
à se protéger et à se défendre.

Si l'un est en proie à l'adversité ou qu'il soit com-
battu par des envieux, jaloux de ses succès; l'autre
doit l'encourager et lui venir en aide pour le tirer
du pas difficile dans lequel il est engagé. L'union
fait la force. L'homme devient invincible quand il sent
qu'il a autour de lui des compagnons dévoués qui
l'estiment et qui sont prêts à disposer de toutes leurs
ressources en sa faveur.

L'amitié de Boileau fut utile à Racine qu'elle sou-
tint contre ses ennemis, mais elle profita encore
davantage à Boileau lui-même, parce qu'elle lui fit plus
d'honneur que ses meilleurs ouvrages.

4. Du respect de la vieillesse. — Nos amis peuvent
être au-dessus de nous par la position, par la fortune
et par le talent, mais ils sont généralement nos égaux
par l'âge et le premier devoir de l'amitié est de se
dépouiller de toute prééminence.

Mais nous sommes précédés dans la vie par des
hommes que leurs années et leur expérience placent

tout naturellement dans un rang supérieur au nôtre. Ce sont les vieillards.

« Ne méprisez pas, dit le Sage, les discours des
« vieillards, mais entretenez-vous de leurs maximes,
« car vous apprendrez d'eux la sagesse et la science
« qui est la lumière de l'intelligence.

« Ne négligez point leurs entretiens, parce qu'ils
« ont beaucoup appris de leurs pères et que leur
« expérience vous guidera vous-même dans vos
« discours. » (*Eccl.*, XIII, 9-13.)

Chez tous les peuples civilisés on a toujours eu pour les vieillards la vénération la plus profonde.

A Lacédémone ils étaient chargés de former les jeunes gens. Ils surveillaient leurs actions, louaient les uns et blâmaient les autres.

Ils présidaient toutes les assemblées. Les jeunes gens devaient écouter leurs leçons et il ne leur était permis de prendre la parole que pour les interroger ; encore devaient-ils le faire de la manière la plus brève.

L'homme âgé, qui a dignement rempli les fonctions qui lui ont été confiées, représente l'idéal de la vertu, accompagné des lumières de la prudence. C'est une supériorité morale que l'on doit honorer des égards les plus respectueux et de la déférence la plus légitime.

4. Du respect des supériorités morales. — Toute supériorité morale a d'ailleurs droit à nos hommages et à nos respects.

Devant la loi morale et devant la justice humaine tous les hommes sont égaux.

Mais cette égalité légale n'empêche pas la diversité de leur nature qui amène forcément les inégalités sociales.

Dans toute administration il faut qu'il y ait une hiérarchie. A chaque degré de cette hiérarchie il y a un chef qui a sous ses ordres un personnel plus ou moins nombreux en raison de son élévation.

L'inférieur doit obéissance à son supérieur et pour lui bien obéir il est nécessaire qu'il ait pour lui de l'estime et du respect.

C'est ce double sentiment qui rend l'obéissance facile.

Indépendamment de ces supériorités de position, il y a encore la supériorité du talent et du mérite.

Si un homme l'emporte sur les autres par son savoir, par son art et qu'il joigne à cette supériorité de l'intelligence la supériorité de la vertu, je dois nécessairement avoir pour lui un sentiment d'admiration que je ne puis lui témoigner qu'en lui montrant le respect qu'il m'inspire.

Celui qui méconnaîtrait cette supériorité morale prouverait qu'il n'a pas le sentiment de la dignité de l'homme; car c'est par là que se révèle notre grandeur.

5. De la politesse. — Ce sentiment que nous avons de notre dignité personnelle nous inspire les plus grands égards pour les autres. C'est de là qu'est venue l'observation des convenances que nous appelons la *politesse*.

Nous n'avons pas ici à rappeler les lois formulées dans ce code qui jouit d'une si grande autorité parmi les gens du monde. Nous remarquerons seulement que ces règles ont pour objet de rendre plus faciles et plus agréables les relations et qu'on ne peut s'en écarter sans nuire à l'amitié et au charme des communications et des fréquentations habituelles.

Elles sont nées des progrès de la civilisation et elles supposent chez ceux qui les mettent en pratique une éducation très soignée et une distinction de l'intelligence et du cœur.

C'est à ce titre que la politesse se rattache à la morale, bien que ses prescriptions n'aient rien d'absolument obligatoires et que leurs infractions blessent moins la conscience que l'amour-propre de ceux qui les commettent.

Car on pardonne plus facilement dans la société un défaut de savoir qu'un défaut de politesse.

CHAPITRE VII

Des devoirs réciproques des maîtres et des serviteurs [1].

1. De la domesticité. — Dans une famille où il y a une certaine aisance, il faut des domestiques. Les chefs de la famille, le père, la mère ne peuvent pas eux-mêmes faire tous les travaux qu'exigent l'entretien et la tenue d'une maison. Ils ont assez à faire de la direction du personnel qu'ils sont obligés d'avoir sous leurs ordres. Les serviteurs qu'ils emploient leur sont donc nécessaires.

Mais si les maîtres ont besoin des serviteurs, ceux-ci

----

1. Nous ne suivons pas ici l'ordre du programme. Car c'est sans doute par distraction que ses rédacteurs ont mis les devoirs à l'égard des animaux avant les devoirs des maîtres et des domestiques.

ont aussi besoin des maîtres qu'ils servent. Habituellement leurs aptitudes ne leur permettraient pas de
commander, tandis qu'ils ont tout ce qu'il faut pour
obéir. Mais cette infériorité ne leur enlève rien de
leurs droits comme hommes. Ils ne sont pas, comme
les esclaves d'autrefois, la chose du maître. Ils sont à
son service en vertu d'un contrat volontairement et
librement consenti par les deux parties et de ce contrat résultent des devoirs réciproques.

2. Devoirs des maîtres. — Dans notre état social,
le domestique n'étant lié que par la convention qu'il
a faite, le premier devoir du maître est de tenir les
engagements qu'il a pris. Il doit donc payer exactement ses domestiques aux époques marquées et ne
pas leur demander d'autres services que ceux qui ont
été déterminés.

Il y a des positions où l'on est obligé d'avoir beaucoup de domestiques. On ne doit pas en augmenter le
nombre par vanité. Il y a au contraire avantage pour
tous à le restreindre autant que possible.

Il ne faut pas donner aux domestiques un travail
excessif. Leurs forces n'y suffiraient pas; ils s'irri-
teraient et maudiraient leur maître qui ne serait
à leurs yeux qu'un détestable tyran.

Mais il n'est pas bon non plus qu'ils soient inoc-
cupés; ce qui arrive quand ils sont trop nombreux ou
mal dirigés.

Le maître doit être bon pour ses serviteurs. Dans
les rapports qu'il a avec eux, il ne doit jamais être
fier, hautain et dédaigneux. Il faut au contraire qu'il
se montre toujours affable et bienveillant et que par
la douceur de ses paroles il rende son autorité agréable
et facile à supporter. Cette bonté toutefois ne doit pas

aller jusqu'à une familiarité excessive. C'est le conseil
que saint Louis donnait à son fils : « Parlez peu à vos
serviteurs, lui disait-il, et ne vous rendez pas trop
familier avec eux, afin qu'ils vous craignent et vous
aiment comme leur maître. »

Dans une maison bien réglée il ne doit pas y avoir
de désordre. Les maîtres doivent donc surveiller leurs
domestiques, leur éviter toutes les occasions où leurs
mœurs seraient en danger, supporter patiemment
leurs défauts, leur donner de bons conseils, leur faire
lire des ouvrages utiles et moraux, les instruire de
leurs devoirs, ne leur jamais rien commander de contraire aux lois divines et humaines, s'observer devant
eux et avoir soin de ne leur pas donner de mauvais
exemples.

8. **Devoirs des serviteurs.** — Le serviteur est un
des membres de la maison; son nom de *domestique*
l'indique. Il forme ce qu'on appelle en Italie la *familia*
dans les grandes maisons.

Le bonheur de la *familia* ou de la société domestique repose tout entier sur la confiance réciproque de ses membres; il s'en suit que le premier
devoir du domestique est la fidélité.

Or, la fidélité d'un domestique, dit Fleury, ne
consiste pas seulement à s'abstenir du larcin grossier,
comme de prendre de l'argent dans la bourse ou le
coffre de son maître, mais à ne rien prendre que ce
que le maître lui donne expressément, à ne rien
détourner, sous quelque prétexte que ce soit, ne
serait-ce qu'un méchant habit, qu'un reste de flam-
beau. Celui qui est fidèle dans les petites choses le
sera aussi dans les grandes.

En second lieu il faut que le domestique se plaise

dans sa condition et qu'il se fasse un honneur d'être
attaché à la famille qu'il sert. Il doit tenir à l'estime
et à l'affection de ses maîtres et pour les obtenir, il
est nécessaire qu'il les aime et les estime lui-même.

S'il a de l'attachement pour ses maîtres, il sera zélé
pour leurs intérêts autant que pour les siens propres.
S'il s'aperçoit qu'on les trompe, il les en préviendra;
il cherchera à tirer le meilleur parti des choses qui lui
sont confiées, il les soignera et n'épargnera pas sa
peine pour éviter une dépense qui n'est pas nécessaire.

Mais il ne se permettra jamais à l'égard de ses
compagnons les rapports malicieux et médisants.
Dans l'intérêt de la maison elle-même il faut que les
domestiques soient d'accord entre eux, qu'ils ne se
jalousent pas et qu'ils ne cherchent pas à s'éviter la
besogne pour la rejeter sur les bras du voisin. Chacun
doit avoir à cœur de faire sa tâche sans être jamais à
charge aux autres.

Dans une maison opulente où ils ont tout en abondance, ils sont exposés, s'ils ne se surveillent pas, à
manger avec excès. Il y en a qui font un usage immo-
déré du vin et qui s'enivrent.

Les domestiques doivent bien prendre garde à ces
défauts. Ils rendent leur service souvent impossible
et ils peuvent leur faire perdre une place qui aurait
assuré leur avenir.

S'ils veulent qu'on tienne à eux, il est nécessaire
qu'ils soient soumis, que leur obéissance soit prompte
et fidèle, qu'ils contiennent leur mauvaise humeur,
qu'ils ne fassent entendre ni plaintes, ni murmures,
qu'ils soient prévenants et honnêtes et que rien ne les
détourne de leur devoir.

4. De l'attachement réciproque des maîtres et des serviteurs. — Autrefois les domestiques s'attachaient davantage aux maîtres et les maîtres aux domestiques. Les maîtres savaient que tous les hommes ont leurs défauts et ils étaient convaincus qu'en changeant de domestiques on ne fait que changer de difficultés et de misère. Les domestiques réfléchissaient de leur côté qu'on trouve partout les mêmes peines et les mêmes inconvénients et qu'en changeant de maître on change seulement d'exigence.

On regardait donc le changement comme une chose mauvaise et il y avait dans les familles plus de stabilité. Tout le monde y gagnait. Le maître avait des personnes plus sûres, qui, étant au courant de ses besoins et de ses goûts, avaient un service plus agréable. Le serviteur n'avait pas de chômage et il ne perdait pas ses économies à mesure qu'elles étaient amassées. Son avenir était assuré, car le vieux domestique ne quittait jamais la maison. Il mourait où il avait servi.

CHAPITRE VIII

Des devoirs à l'égard des animaux.

1. De la nature des animaux. — Ce serait une erreur que d'assimiler nos devoirs à l'égard des animaux à ceux que nous avons à remplir envers nos semblables.

L'homme est une personne, c'est-à-dire un être libre et responsable. Cette prérogative lui donne des droits et c'est le respect de ces droits qui constitue les devoirs que ses semblables ont à remplir à son égard.

L'animal n'est pas une personne, mais une chose. Il n'a donc pas vis-à-vis de l'homme de droit proprement dit.

Il est notre propriété quand il s'agit des animaux domestiques. Nous pouvons l'acheter et le vendre et en disposer selon notre convenance et nos besoins au mieux de nos intérêts.

J'ai un bœuf dans mon étable. Je l'élève, je le fais travailler jusqu'à un certain âge, je l'engraisse ensuite, je le tue et je le vends au boucher; il est mangé. Je n'ai violé en cela aucune loi morale.

S'agit-il d'animaux sauvages? Le chasseur s'arme de son fusil, détruit les animaux dangereux, tue ceux qui sont bons à manger, les sert sur sa table, les donne à ses chiens ou les fait vendre. Tel est le sort des perdrix, des lapins, des faisans, des lièvres, des chevreuils et des autres pièces de gibier.

La loi qui interdit la chasse à certaines époques de l'année n'a d'autre but que de favoriser la reproduction du gibier pour qu'aux époques marquées on se donne le plaisir de le chasser de nouveau.

2. De la brutalité défendue à l'égard des animaux. — Mais si nous ne voyons dans l'animal qu'une chose, nous n'admettons pas avec Descartes que cette chose ne soit qu'un automate dépourvu de toute sensibilité.

Nous croyons au contraire que c'est une chose animée. Le chien, le cheval, le chat, l'oiseau sont des êtres qui sont doués d'une certaine sensibilité et qui éprouvent des sensations agréables et désagréables, de la satisfaction et de la douleur.

Nous leur reconnaissons même un certain sentiment

qui nous les rend sympathiques. Le chien aime son
maître et il en est aimé; le cheval, le bœuf nous
rendent des services et nous avons intérêt à les en
récompenser par des soins assidus et intelligents.

Mais par là même que les animaux sont doués de
sensibilité, nous ne pouvons pas les traiter comme
des choses inanimées. « Il n'est pas raisonnable, dit
Plutarque, d'user des choses qui ont vie et sentiment
tout ainsi que nous faisons d'un soulier ou de quelque
autre ustensile, en les jetant après qu'elles sont tout
usées et rompues à force de nous avoir servi; et
quand ce ne serait pour autre cause que de nous
induire et exciter toujours à l'humanité, il nous faut
accoutumer à être doux et charitables jusqu'aux plus
humbles offices de bonté. »

Les enfants sont portés à faire souffrir les animaux,
parce qu'ils abusent du pouvoir qu'ils ont sur eux
sans se rendre compte du mal qu'ils leur font.

Mais on a remarqué que l'homme qui maltraite un
animal est un individu cruel et grossier qui n'est pas
moins dur et impitoyable à l'égard des personnes qui
sont sous ses ordres.

3. La loi Grammont. — C'est pour ce motif que,
dans l'intérêt de l'humanité elle-même, il s'est formé
parmi nous une société protectrice des animaux. Elle
a pour but de prendre la défense spécialement des
animaux domestiques contre la brutalité sauvage de
ceux qui s'en servent. Elle a obtenu une loi qui est
appelée la loi Grammont, du nom de son auteur. Cette
loi frappe de peines assez sévères les misérables qui
se font un plaisir de tourmenter les animaux, qui leur
imposent des fardeaux au-dessus de leurs forces ou
qui les accablent de coups sans raison.

TROISIÈME PARTIE

DES DEVOIRS CIVIQUES

Nous avons parlé précédemment de nos devoirs envers la famille et la société en général. Il nous reste à traiter des devoirs du citoyen. Pour bien déterminer les devoirs civiques, nous croyons utile de parler avant tout de la patrie et du patriotisme, de l'État et des citoyens, de la constitution et des lois, et d'exposer ensuite les devoirs des simples citoyens, les devoirs des gouvernants et les devoirs des nations entre elles.

CHAPITRE PREMIER

La patrie et le patriotisme.

1. De la patrie. — La patrie est le sol où nous sommes nés, la nation à laquelle nous appartenons. Pour un Français, la France et son histoire, voilà la patrie.

Il n'y a personne qui ne soit attaché à son pays natal. L'émigré, que des circonstances malheureuses obligent à aller chercher fortune sur une terre étrangère, ne quitte pas les lieux qui l'ont vu naître, sans emporter dans son cœur une tristesse bien amère.

L'exilé que la proscription a relégué au delà des frontières éprouve un chagrin encore bien plus profond parce qu'il sait que le retour lui est interdit. Se sentant séparé de ses souvenirs les plus chers, il est en proie à un vide immense que rien ne peut combler. C'est en vain qu'il regarde, il n'aperçoit plus le ciel qui a couvert la plus belle partie de son existence, c'est en vain qu'il écoute, il n'entend plus les accents qui ont charmé son enfance et sa jeunesse, c'est en vain que ceux qui l'entourent cherchent à le distraire, ils n'ont ni ses idées, ni ses sentiments ; les meilleurs sont toujours pour lui des étrangers.

Comme on l'a très bien dit, l'exilé partout est seul.

2. Du patriotisme. — Le patriotisme est l'amour de la patrie. « Le véritable patriotisme, dit M. Fustel de Coulanges, n'est pas seulement l'amour du sol, mais l'amour du pays, le respect pour les générations qui nous ont précédés. »

Le vrai patriote ne restreint pas son affection aux temps présents, aux hommes et aux choses qui lui sont personnellement sympathiques. Le bon Français s'enorgueillit des exploits de Clovis, de Charlemagne, de saint Louis et de Louis XIV aussi bien que des belles actions qui honorent ses contemporains.

La patrie est la personnification de tout ce passé et c'est en même temps la vivante image de tout ce qui fait la gloire d'un peuple dans le moment présent.

Les anciens l'appelaient une mère, que, dans leur culte exagéré, ils plaçaient au-dessus de leur mère dans l'ordre naturel. Ils étaient prêts à tout lui sacrifier, leur vie, leur famille, comme leurs biens, et celui qui hésitait à faire ce sacrifice était déshonoré. Brutus condamne à mort son fils et ordonne lui-même son supplice.

Assurément, puisque nous avons tout reçu de la patrie, nous devons l'aimer, l'honorer et la servir avec le plus grand dévouement.

C'est pour elle que l'homme d'État, l'ambassadeur doit agir, ce sont ses intérêts qui doivent inspirer tous ceux qui remplissent dans son sein quelques charges, c'est sa gloire qui transporte le soldat et lui fait verser son sang sur le champ de bataille, ce sont ses grandeurs que le poète célèbre et cherche à illustrer et l'historien, tout en conservant son impartia-lité, ne peut être indifférent à ses revers et à ses succès.

Il y a eu dans tous les temps des hommes qui ont méconnu ce sentiment et ces devoirs, parce qu'il y a eu dans tous les temps des égoïstes qui ont tout rapporté à eux-mêmes et qui n'avaient pas l'esprit assez élevé, ni le cœur assez noble, pour comprendre la grandeur et la sublimité du sacrifice. Pour ceux-là la patrie est où se trouvent leurs intérêts et leur bien-être.

Il y a même aujourd'hui une certaine école qui, sous prétexte de sentiment cosmopolite, prétend ne pas admettre la division de l'humanité en divers Etats et pose comme but l'unification du genre humain ne formant plus qu'une seule famille. Il n'y aurait plus de frontières; le Français, l'Anglais, l'Allemand seraient des frères qu'aucun intérêt particulier ne diviserait.

Cette transformation du patriotisme en un vague sentiment humanitaire n'est qu'une utopie dange-reuse. Il y a des différences trop profondes entre les nations au point de vue des idées, des sentiments, des caractères et des intérêts pour détruire leur individualité, et ce rêve est dangereux, parce qu'il n'est qu'un prétexte sous lequel ceux qui ne veulent pas servir leur pays cachent leur lâcheté, lorsque l'État fait appel à leur dévouement.

CHAPITRE II

De l'État et des citoyens.

1. Notion de l'État. — Si l'on regarde à l'origine des choses on voit que l'humanité a commencé par la famille, que la famille a formé des tribus et les tribus des nations.

On peut donc définir le peuple ou la nation une grande association d'hommes unis par une communauté d'idées, de mœurs, d'intérêts, de langue et de race. Cette association forme une sorte de personne morale qu'on désigne sous un seul nom, comme les Français, les Anglais, les Allemands.

« Un peuple, dit M. Guizot, n'est pas une immense addition d'hommes. Un peuple est un grand corps organisé, formé par l'union, au sein d'une même patrie, de certains éléments sociaux qui se forment et s'organisent eux-mêmes naturellement, en vertu des lois primitives de Dieu, et des forces libres de l'homme. »

L'État est une association d'hommes soumis au même gouvernement sans distinction de langue, de race, de mœurs et d'origine.

L'idée d'État n'a pas la même extension que celle de peuple et de nation.

Un même État peut embrasser plusieurs peuples. Ainsi l'Empire Romain étendait sa domination sur un très grand nombre de peuples qu'il s'était assujettis par la conquête. Aujourd'hui la monarchie autrichienne a sous son autorité des Allemands, des Polonais et des Hongrois.

Un même peuple peut former aussi divers États. Les Allemands, par exemple, forment plusieurs États liés entre eux par une fédération. Il en est de même des Américains dans les États-Unis.

Les hommes d'État qui veulent englober sous le même gouvernement tous ceux qui parlent la même langue sont en opposition flagrante avec les faits.

2. **Des différentes formes de gouvernement.** — Dans tout gouvernement on distingue trois pouvoirs : le pouvoir *législatif* qui fait la loi ; le pouvoir *exécutif* qui la promulgue et l'exécute ; et le pouvoir *judiciaire* qui l'interprète dans les cas douteux et qui l'applique aux faits particuliers qui lui sont soumis.

On distingue trois formes principales de gouvernement : la démocratie, l'aristocratie et la monarchie.

La démocratie est le gouvernement du peuple par lui-même ; on lui donne le nom de république, comme aujourd'hui en France.

L'aristocratie est le gouvernement de la nation par la noblesse ou les classes supérieures. Si le pouvoir est entre les mains de quelques-uns, comme autrefois à Venise, c'est une oligarchie.

La monarchie est le gouvernement d'un seul ; il porte le nom de roi ou d'empereur.

La monarchie est absolue, tempérée ou constitutionnelle, élective ou héréditaire.

. Elle est *absolue* quand le souverain a en main tous les pouvoirs et qu'il ne relève que de lui-même, comme le czar en Russie.

Elle est *tempérée* quand le souverain èst limité dans l'exercice de son pouvoir par des institutions indépendantes, comme la royauté en France sous Louis XIV.

. Elle est *constitutionnelle* quand son pouvoir est restreint par une charte reconnue par le roi et la nation, comme en France sous la Restauration et sous le gouvernement de Juillet.

Elle est *élective* quand à la mort du souverain la nation s'est réservé le droit de choisir son successeur, comme autrefois en Pologne.

Elle est *héréditaire* quand le pouvoir passe par droit de succession des mains de celui ou de celle qui le possède à ses descendants, comme en Allemagne et en Angleterre.

D'après saint Thomas, ce qu'il y a de mieux dans l'ordre politique, c'est que chacun ait sa part de souveraineté, et le meilleur régime pour un État est celui qui n'a qu'un chef qui préside à tout dans l'intérêt général, et qui a sous lui des chefs subalternes usant de leur autorité dans le même but, de telle sorte que le pouvoir appartienne à tous, soit parce que tous les citoyens sont électeurs, soit parce qu'ils sont tous éligibles.

3. **Des citoyens.** — D'après son étymologie le mot *citoyen* désigne ceux qui jouissent du droit de cité dans un État.

On appelle *citoyens* les membres d'un même État, quelle que soit sa forme de gouvernement.

En France les naissances, les mariages et les décès sont inscrits par les maires et adjoints sur des registres authentiques qui forment l'état civil.

Parmi nous tous les citoyens sont égaux devant la loi. Ils jouissent aussi de l'égalité politique à moins qu'ils n'aient été privés de leurs droits par une sentence judiciaire. Ils sont tous électeurs et éligibles.

CHAPITRE III

De la constitution et des lois.

1. De la constitution en général. — La constitution est la loi fondamentale de l'Etat. C'est elle qui détermine les pouvoirs publics et les droits des citoyens.

Elle est donc en fait le fondement de l'autorité publique.

Tout peuple a le droit de se donner la constitution qui lui convient, mais la constitution établie, ceux qui gouvernent le pays doivent la respecter, et ne peuvent la modifier régulièrement qu'en se conformant aux règles qu'elle a elle-même établies pour y introduire les améliorations que l'on croit utiles.

Celui qui refuse de se soumettre à la constitution d'un pays et aux lois qui y sont établies se met en état de révolte.

On a osé dire que l'insurrection est le plus saint des devoirs. Nous disons au contraire que le droit à l'insurrection n'existe pas et que si l'on proclamait que tout citoyen a droit de s'insurger ou de refuser obéissance aux puissances établies, toutes les fois qu'elles lui paraîtraient en opposition avec ses idées particulières, une pareille doctrine serait subversive de tout ordre social et de la tranquillité publique.

2. Des différentes constitutions que nous avons eues en France depuis 1789. — L'Assemblée nationale de 1789 s'est érigée en assemblée constituante et a promulgué le 14 septembre 1791 la première constitution populaire. Elle était précédée de la déclaration des droits de l'homme et du citoyen.

Cette constitution a été remplacée par la constitution de 1793 publiée par la Convention qui l'appela *acte constitutionnel*.

Cette constitution ne fut pas appliquée. La Convention lui substitua elle-même la constitution de l'an III (1795) qui établit le Directoire.

Au Directoire succéda le Consulat qui donna la constitution de l'an VIII qui fut promulguée le 22 frimaire (13 décembre 1799).

La révolution de février a fait appel à une assemblée nationale issue du suffrage universel. Cette assemblée a voté la constitution de 1848 qui a été promulguée le 4 novembre de cette année.

Avec le prince Louis Napoléon nous avons eu la constitution de 1852, qui est devenue par un sénatus-consulte ratifié par un plébiscite la constitution impériale du second Empire.

8. De la constitution française actuelle. — La constitution actuelle a été votée en 1875.

Le gouvernement de la France est une république.

Il y a trois pouvoirs : le pouvoir exécutif, le pouvoir législatif et le pouvoir judiciaire.

Ces pouvoirs sont séparés dans l'intérêt de la liberté des citoyens.

1° Le pouvoir exécutif est confié au président de la République et à ses ministres.

Le président est élu pour sept ans par les Chambres réunies en assemblée générale ou *Congrès*. Il est rééligible.

Il choisit ses ministres qui sont responsables de leurs actes devant les Chambres.

2° Le pouvoir législatif est conféré à deux chambres : la Chambre des députés et le Sénat.

La Chambre des députés est élue directement par le suffrage universel. Chaque département élit un nombre de députés proportionné à sa population. La proportion est d'un député par 70.000 habitants.

Le Sénat est élu à deux degrés; le conseil municipal dans les communes nomme des délégués et les délégués élisent les sénateurs.

Les députés sont élus pour quatre ans et les sénateurs pour neuf ans. Le Sénat se renouvelle par tiers tous les trois ans.

Il appartient aux chambres de voter le budget annuel, de régler les recettes et les dépenses, et de légiférer. Une loi n'existe qu'autant qu'elle a été votée par les deux Chambres.

3° Le pouvoir judiciaire appartient aux magistrats. C'est à lui à punir la violation des lois

4. Des lois. — Nous avons parlé plus haut des lois en général (p. 15 et suiv.). Nous ferons seulement observer ici qu'avant 1789, les différentes parties de la France étaient soumises aux lois les plus diverses.

On distinguait les pays de droit écrit avec le droit romain qui comprenaient le Sud et l'Est, et les pays de droit coutumier au Centre, au Nord et à l'Ouest. On ne comptait pas moins de soixante coutumes principales et de deux cent vingt-cinq coutumes locales.

Nous ne sommes arrivés à l'unité de législation que sous le premier Empire. Napoléon Ier, aidé des jurisconsultes les plus autorisés, publia le *Code civil* ou *Code Napoléon* en 1804; le *Code de procédure civile* en 1806; le *Code de commerce* en 1808; le *Code d'instruction criminelle* en 1808 et le *Code pénal* en 1810.

Aujourd'hui tous les Français sont soumis aux mêmes lois et il n'y a qu'un seul ordre judiciaire qui embrasse toute la France.

CHAPITRE IV

Des devoirs des simples citoyens.

Les devoirs des simples citoyens comprennent quatre choses principales : 1° L'*obéissance aux lois* et le *respect des magistrats;* 2° l'*impôt;* 3° le *service militaire;* 4° le *vote.*

§ 1. — DE L'OBÉISSANCE AUX LOIS ET DU RESPECT DES MAGISTRATS.

1. De l'obéissance aux lois. — Les lois civiles émanent des pouvoirs qui sont à la tête de l'État. Elles ont pour but d'y maintenir l'ordre et la tranquillité en faisant respecter les droits de chacun. On doit donc les observer, à moins qu'elles ne soient en opposition avec d'autres lois d'un ordre supérieur.

Dans ce cas le législateur aurait évidemment dépassé son pouvoir, et sa loi serait nulle.

Ainsi une loi qui anéantirait d'une façon absolue le droit de propriété serait en opposition avec la loi naturelle qui nous oblige à respecter le bien d'autrui et n'aurait par conséquent pas de valeur.

Quand les empereurs romains ordonnaient aux chrétiens de sacrifier aux idoles ils allaient contre la loi naturelle et la loi divine qui commande de n'adorer qu'un seul Dieu.

Les chrétiens ne pouvaient donc pas leur obéir.

Mais pour refuser l'obéissance aux puissances établies, il faut être bien sûr que ce qu'elles commandent est en opposition avec les lois de l'ordre naturel ou de l'ordre divin, car dans les cas douteux il faut se soumettre. On doit présumer le droit du côté du législateur, ne serait-ce que pour éviter le scandale et les inconvénients qui résultent toujours d'un acte d'insubordination.

2. **Du respect des magistrats.** — Le magistrat est le représentant de la loi. C'est lui qui l'interprète et qui est chargé de la faire observer.

En France on distingue les justices de paix, les tribunaux de première instance et de police correctionnelle, les cours d'appel et la Cour de cassation.

Pour que les jugements offrent plus de garantie d'exactitude et d'impartialité, les arrêts des tribunaux inférieurs ne sont pas irrévocables.

On peut en appeler, dans les cas déterminés par la loi, de la justice de paix au tribunal de première instance, de celui-ci à la cour d'appel et de la cour d'appel à la Cour de cassation.

Les arrêts des cours d'appel ont une certaine autorité et ceux de la Cour de cassation fixent la jurisprudence sur les points douteux.

3. Le droit de punir. — Les juges prononcent d'après la loi sur les litiges qui leur sont soumis et sur les délits et les crimes qui ont été commis.

C'est à eux qu'il appartient de punir ceux qui ont transgressé la loi.

Les peines sont l'amende, la prison ou la mort.

La gravité de la peine dépend du délit ou du crime qui a été commis. Elle est fixée par le Code pénal; mais c'est le juge qui en fait l'application.

Les magistrats sont choisis parmi les hommes qui ont spécialement étudié les lois et qui ont obtenu leur grade après des examens sérieux. Leur science, leur caractère, leur position les rendent très respectables.

On doit honorer en eux la justice humaine qu'ils sont chargés de rendre avec indépendance et impartialité.

Le juge est inamovible, pour qu'il ne relève que de Dieu et de sa conscience. Il n'est pas infaillible, mais sa sentence, d'après un axiome de droit, doit être considérée comme vraie, tant que des faits nouveaux ou des preuves évidentes n'ont pas établi que sa bonne foi a été trompée.

§ 2. — DE L'IMPOT.

1. De l'impôt en général. — 2. Des différentes sortes d'impôts. — 3. De la légitimité de ces impôts. — 4. Du budget.

1. De l'impôt en général. — L'impôt, a dit Mirabeau, est une dette commune des citoyens, qu'ils doivent acquitter en retour des avantages que la société leur procure.

L'État prend à sa charge les frais que nécessitent

l'administration de la justice et des cultes, l'éducation publique, les asiles et les hospices de toutes sortes, l'entretien de la marine et de l'armée, les frais qu'exigent les travaux publics, la gestion des finances de l'État, des départements et des communes, et une foule d'autres services qui sont essentiels à la sécurité et au bien-être des individus.

Il est incapable de faire face à toutes ces dépenses s'il ne fait pas des recettes proportionnées aux sommes qu'il est obligé de payer. Ce sont ces recettes qui constituent ce que l'on appelle l'impôt.

2. Des différentes sortes d'impôts. — D'après la nature de leurs objets, on distingue deux sortes d'impôts : les impôts directs et les impôts indirects.

Les impôts directs sont ceux qui sont perçus en vertu d'un rôle indiquant le nom du contribuable et le montant de sa contribution.

Ils sont personnels.

Ils comprennent la contribution foncière; la contribution personnelle et mobilière; la contribution des portes et fenêtres et la contribution des patentes.

Les impôts indirects sont ceux qui frappent sur les objets de consommation, les valeurs, et en général sur les marchandises.

Tels sont les impôts sur les boissons, le sel, le tabac, le sucre, les poudres, etc.

Ils n'affectent qu'*indirectement* les personnes.

Les impôts indirects sont ceux qui rapportent le plus à l'État.

Ainsi en France, sur un chiffre total de 3 milliards 800 millions d'impôts, les impôts directs ne produisent pas plus de 8 à 900 millions, c'est-à-dire 27 ou 28 pour 100 de la recette générale des revenus du pays.

4*

3. De la légitimité des impôts. — Il y a parmi nous de grandes préventions contre les impôts indirects. On trouve même beaucoup de personnes consciencieuses et honnêtes qui pratiquent la fraude en ces matières sans se le reprocher.

Ainsi on trompe les douanes, les octrois, la régie, pour le tabac et les alcools et l'on ne croit pas faire une mauvaise action.

Cela provient sans doute de ce que ces impôts sont généralement trop élevés et qu'on suppose que le fisc a escompté à l'avance les fraudes de ses clients.

Mais il y a là une erreur. Tous les citoyens sans exception sont obligés de payer l'impôt, et l'impôt inndirect est tout aussi nécessaire, tout aussi équitable que l'impôt direct. Ils sont votés tous les deux par les mêmes pouvoirs publics et ils reposent les uns et les autres sur les mêmes principes et sur la même base.

4. Du budget. — Car aucun de ces impôts n'est arbitraire. C'est un principe de droit public qui a toujours été admis parmi nous, que c'est à la nation à consentir elle-même les impôts. « Il n'y a ni roi, ni seigneur en terre, disait Comines, qui ait pouvoir de mettre un denier sur ses sujets sans octroi et consentement. »

En France c'est à la Chambre des députés et au Sénat qu'il appartient de régler les impôts. Tous les ans ces assemblées élues par le pays dressent un tableau évaluatif et comparatif des recettes à réaliser et des dépenses à effectuer. C'est ce qu'on appelle le *budget*.

Ce mot est d'origine anglaise. Il fut employé au delà du détroit parce que les pièces relatives aux

recettes et aux dépenses étaient apportées au Parle
ment anglais dans une valise (*bougette*).

On s'en servit en France pour la première fois sous
le Consulat, mais la balance entre les recettes et les
dépenses avait été établie dès François Ier et Colbert
l'avait mise en pratique sous le nom d'*État de prévoyance*.

Le vote du budget constitue la loi de finances de
l'État et tout citoyen doit s'y soumettre dans la mesure
que les pouvoirs publics ont déterminée.

§ 3. — DU SERVICE MILITAIRE.

1. De la nécessité des armées. — Chaque État
forme une personne morale qui a deux sortes de
devoirs à remplir. Ceux qui sont à sa tête doivent
maintenir l'ordre à l'intérieur en y faisant respecter
les droits de chacun.

Il faut qu'ils défendent en même temps l'indépendance du pays et qu'ils empêchent les peuples voisins
de violer l'intégrité de son territoire.

Pour atteindre ce double but une armée est nécessaire.

En temps de paix les soldats répriment les séditions
et les troubles qui pourraient compromettre la tranquillité au dedans et enlever à la loi et à ceux qui la
représentent l'autorité qui leur est nécessaire.

En temps de guerre ils protègent leur pays contre
l'étranger.

2. De la légitimité de la guerre. — La guerre est
un fléau. On ne peut trop déplorer les malheurs qu'elle
entraîne.

Mais tant que l'humanité subsistera avec les passions qui lui font cortège. les nations ne seront pas à l'abri de cette calamité.

Il s'élève entre les États des conflits que l'on ne peut résoudre que par la force.

Henri IV aurait voulu qu'il y eût au-dessus des nations un tribunal arbitral chargé de juger leurs différends. Mais comment composer ce tribunal? Quel serait le moyen de rendre ses arrêts obligatoires et sans appel?

Ce tribunal n'ayant pas encore pu être formé, toutes les fois que les souverains ne sont pas parvenus à s'entendre, les peuples ont été jusqu'ici forcés de prendre les armes, lorsqu'ils se sont vus lésés dans leurs intérêts et dans leur honneur.

8. **De la nécessité du service militaire.** — L'État étant perpétuellement exposé à être attaqué par ses voisins ne doit pas attendre que l'ennemi soit sur ses frontières pour préparer ses forces.

Il est obligé d'avoir une armée de terre et une armée de mer; et il faut pour le recrutement de cette double armée que les citoyens soient soumis au service militaire.

Les conditions de ce service varient suivant les temps et les pays.

Notre organisation militaire n'est pas la même que celle de l'Angleterre ou de l'Autriche et notre armée ne se recrute pas. et n'est pas formée de la même manière qu'il y a cinquante ans.

C'est aux pouvoirs qui régissent l'État à faire les règlements militaires qu'ils jugent les meilleurs pour la défense nationale.

Les citoyens doivent se soumettre à la loi militaire,

comme à la loi de finance et aux autres lois de leur pays. Ils sont même tenus à y apporter plus de zèle, parce que c'est de l'observation de ces lois que dépend l'existence elle-même de la nation.

Le bon citoyen ne s'empresse pas seulement de se rendre sous les drapeaux quand il y est appelé, mais si la guerre éclate, il doit se dévouer corps et biens pour le salut et la gloire de sa patrie.

§ 4. — DU VOTE.

1. De l'importance du vote. — D'après la constitution actuelle de notre pays tous les citoyens ont le droit de voter. C'est ce que nous appelons le suffrage universel.

Presque toutes les assemblées politiques et administratives sont électives.

Les députés sont élus par le suffrage universel et direct.

Les sénateurs le sont par le suffrage restreint et à deux degrés.

Le conseil général chargé des intérêts du département et le conseil municipal chargé des intérêts de la commune sont aussi élus par le suffrage universel.

Le vote déterminant le choix des hommes qui doivent faire partie des assemblées nationales et des conseils administratifs, est nécessairement d'une grande importance.

Car l'avenir du pays dépend de ceux qui le dirigent.

2. Des caractères que doit avoir le vote. — Pour exercer convenablement ce droit, il faut que les électeurs soient indépendants et éclairés.

Ils seront indépendants s'ils s'affranchissent de toute coterie mue par l'esprit de parti, et s'ils ne consultent que l'intérêt du pays, sans s'inspirer exclusivement de leurs intérêts personnels ou de l'intérêt particulier de leur localité.

Ils seront éclairés s'ils s'instruisent des besoins du pays, et s'ils se renseignent autant qu'ils peuvent l'être, sur la valeur des candidats qui sollicitent l'honneur de les représenter.

3. De l'obligation de voter. — Il ne faut pas que par indifférence ou par paresse on s'abstienne de voter. L'abstention est l'abandon coupable d'un droit, la désertion illicite d'un devoir. Solon n'admettait pas de neutres dans sa république démocratique.

Le sort de la patrie peut dépendre d'un seul suffrage. Il n'est donc permis à personne de dédaigner le droit de voter.

CHAPITRE V

Des devoirs des gouvernants.
Des grands pouvoirs publics.

1. Des gouvernants. — Sous le nom de gouvernants on comprend tous ceux qui font partie du gouvernement d'un pays.

En France, les grands pouvoirs publics sont entre les mains du président de la République, qui a le pouvoir exécutif ; des sénateurs et des députés, qui ont le pouvoir législatif, et des magistrats qui ont le pouvoir judiciaire.

Chacun des ministres a son département particulier. Ainsi le ministre de la guerre, le ministre de l'instruction publique et des cultes, le ministre de l'intérieur, le ministre des finances, le ministre de la justice, le ministre des travaux publics, etc.

Dans toutes ces administrations il y a une foule de fonctionnaires qui sont classés d'après le rang hiérarchique qu'ils occupent.

Nous désignons tous ces agents sous le nom de gouvernants, puisqu'ils remplissent tous des fonctions dans la machine gouvernementale et que ces fonctions leur assignent un rôle particulier qui contribue à l'action de l'État.

2. Des devoirs généraux des gouvernants. — Tous les gouvernants, quels qu'ils soient, sont soumis à certaines lois morales qui sont les mêmes pour ceux qui sont au sommet de l'échelle sociale que pour ceux qui sont au bas.

D'abord tous les gouvernants doivent savoir que ce n'est pas pour eux-mêmes que le pouvoir leur a été confié. Ils ne doivent pas l'exercer dans leur intérêt personnel. C'est un dépôt sacré qui leur a été remis dans l'intérêt de la société.

Ils sont obligés de se dévouer pour le bien de tous, de ne rien négliger pour le maintien de la tranquillité publique et la prospérité du pays.

Ils doivent donner aux citoyens l'exemple du respect des lois établies. Plus ils sont élevés, plus leurs obligations sont grandes sous ce rapport.

Leur position, s'ils violent les droits de leurs subordonnés, ne les met nullement à l'abri des réclamations et des poursuites de ceux qu'ils auraient lésés.

Quand il s'agit d'un sénateur ou d'un député on a

besoin pour le poursuivre de l'autorisation de la
Chambre des députés et du Sénat. Mais cette autorisation obtenue, l'accusé tombe sous le droit commun
et doit être jugé par les tribunaux avec la plus
grande impartialité.

3. Des devoirs particuliers des gouvernants. —
Tous les agents ou fonctionnaires revêtus d'un pouvoir quelconque ont des devoirs particuliers qui sont
déterminés par les statuts ou les règlements de l'administration à laquelle ils appartiennent.

Rien n'est laissé à l'arbitraire. L'agent le plus
modeste comme le plus élevé sait ce qu'il a à faire et
doit se conformer aux ordres qui lui sont prescrits.

Dans les régions inférieures les agents n'ont qu'à
exécuter ce qu'on leur commande. L'obéissance est la
première de leurs vertus.

Mais dans une situation plus élevée il y en a qui
sont chargés de surveiller les autres, de nommer aux
emplois, de récompenser les services rendus ou de
punir ceux qui se sont écartés de leurs devoirs.

Dans l'accomplissement de ces fonctions délicates,
on ne doit s'inspirer que de la justice.

Il est du devoir des chefs de réprimer la licence et
les abus, de ne confier les charges publiques qu'à des
hommes capables qui se sont distingués par leurs
lumières et leurs vertus et de n'apprécier le mérite
de leurs subordonnés que d'après les règles de la plus
stricte équité.

4. Du respect des personnes. — Tous les citoyens
jouissent en France de l'égalité civile et politique. Ils
sont tous égaux devant la loi, ils sont tous électeurs
et éligibles et ils sont tous admissibles aux places

et aux emplois dans l'armée comme dans les carrières civiles.

Le pouvoir a pour mission de faire respecter la liberté individuelle, l'inviolabilité de la propriété et et du domicile, et tous les autres droits personnels reconnus par les lois.

Les prérogatives dont le citoyen est maître obligent ceux qui le gouvernent à avoir pour lui les plus grands égards.

Au lieu de nuire aux personnes et de porter atteinte à leur liberté, les gouvernants ont au contraire mission de les protéger et d'assurer autant que possible leur sécurité.

S'ils sont forcés de réprimer ceux qui commettent des actes contraires à l'intérêt social, ils ne doivent pas oublier que la société punit, mais qu'elle ne se venge pas et qu'elle ne cherche pas à faire expier au coupable sa faute. La punition a pour but de l'arrêter dans la voie mauvaise où il s'est engagé, de le ramener, si cela est possible, à de meilleurs sentiments, et de détourner par l'exemple du châtiment ceux qui seraient tentés de l'imiter.

La peine doit être proportionnée à la gravité de la faute, considérée au point de vue de la justice et de l'intérêt social. On doit écarter de son application toutes les rigueurs inutiles. Notre Code pénal a aboli toutes les tortures, tous les supplices qui étaient autrefois en usage et l'opinion publique veut qu'après que la justice a parlé, l'humanité ait son tour.

5. **Du respect des biens.** — Les gouvernants doivent également veiller sur les propriétés et mettre l'honnête homme à l'abri de toutes les violences et de toutes les fraudes qui peuvent lui être funestes.

C'est aux magistrats, c'est aux chefs de la police qu'il appartient tout spécialement de veiller à l'observation des lois.

Les chefs de la police surveillent les individus suspects et les arrêtent quand ils les surprennent commettant des crimes et des délits.

Ils les mettent en prison préventivement, et quand le juge d'instruction a fait son enquête, il les défère aux tribunaux qui prononcent sur leur sort.

Mais si les chefs doivent surveiller avec zèle les autres et les réprimer sévèrement, ils sont tenus par là même à l'intégrité et à la probité la plus absolue.

Il ne leur est donc pas permis de recevoir des présents et encore moins de l'argent des personnes qui sont placées sous leur juridiction.

Ils ne doivent trafiquer ni de leur crédit, ni de leur influence.

Les députés et les sénateurs qui sont chargés de régler le budget de la France ne doivent consentir à aucune dépense inutile. L'augmentation des impôts, si elle n'est pas nécessaire, pèse sur leur conscience.

Ceux qui sont à la tête d'une administration doivent avoir l'œil ouvert sur les agissements de leurs subordonnés et sont en certains cas responsables de leurs injustices et de leurs exactions.

Celui qui met la main sur les deniers de l'Etat est un concussionnaire que les lois punissent de peines afflictives et infamantes.

6. **Du maintien de l'ordre public.** — L'ordre public dépend beaucoup du zèle et de l'exactitude avec lesquels les gouvernants remplissent leurs fonctions.

S'ils ne réprimaient pas avec fermeté tous les délinquants et les criminels connus, s'ils ne poursuivaient .

pas ces hommes vicieux qui font profession de dépouiller les autres, les honnêtes gens n'oseraient pas circuler sur les routes et dans les rues.

C'est pour cela que quand les gouvernants faiblissent et qu'ils n'ont pas le courage de faire leurs devoirs, ils commettent une faute grave; parce qu'ils assument par leur négligence la responsabilité des désordres qui se produisent.

Le crime espérant l'impunité lève la tête avec audace et la corruption fait tous les jours des progrès désolants au sein de la société.

CHAPITRE VI

Devoirs des nations entre elles. Notions sur le droit des gens.

1. Des rapports des nations entre elles. — Chaque nation forme une personne morale. La France, l'Angleterre, l'Allemagne et l'Italie, toutes les autres nations sont considérées au point de vue du droit comme autant d'individus. Leurs relations doivent être réglées par les mêmes principes que les relations sociales que les hommes ont entre eux. Elles devraient être soumises aux mêmes principes de justice et de charité ou, si l'on veut, d'humanité.

2. Du droit des gens. — Le droit des gens ou le droit international est la partie du droit qui a pour objet de régler les relations des nations entre elles. Ses prescriptions devraient être conformes au droit naturel, mais en réalité elles en sont encore bien éloignées. Cependant à mesure que la civilisation se développe, elles tendent à se rapprocher de l'idéal qu'elles devraient représenter.

Ces prescriptions se rapportent à la paix et à la guerre.

3. De l'état de paix. — Dans la paix les relations qui existent entre les nations civilisées sont des relations de bon voisinage.

Elles peuvent faire entre elles des traités *d'alliance* et de *commerce;* des traités d'*extradition* et des *conventions* particulières.

Par des traités d'*alliance* offensive ou défensive, les nations se prémunissent contre les craintes que leurs voisins leur inspirent.

Les traités de *commerce* déterminent les conditions d'après lesquelles elles échangent leurs produits.

Les traités d'*extradition* empêchent les criminels de s'assurer l'impunité en passant la frontière.

Les *conventions* postales rendent les communications faciles et libres entre les divers pays, moyennant un droit fixé par lettre ou par colis.

Il en est de même des conventions avec les chemins de fer et les bateaux pour les transports de terre et de mer et des conventions monétaires.

4. De l'état de guerre. — Si ceux qui sont à la tête des États étaient justes et raisonnables, les affaires litigieuses se régleraient toutes à l'amiable.

Entre particuliers, les différends sont réglés par les tribunaux ; on n'a pas besoin de se battre en duel pour terminer un litige ou obtenir réparation d'une offense.

Mais comme il n'y a pas de tribunal arbitral reconnu par les nations et que les chefs des États ont leurs passions comme les autres hommes, la guerre, suivant la remarque que nous avons faite, est un de ces fléaux inévitables qui se déchaînent contre les peuples.

Le droit des gens ne lui enlève pas ce qu'elle a de désastreux et de terrible. Mais il la soumet à des lois qui en adoucissent un peu les rigueurs.

Ces lois se rapportent à la déclaration de guerre qui doit se faire d'après des formes déterminées, à l'échange des prisonniers, aux secours que l'on doit aux blessés, à l'usage de certains projectiles, au respect de la propriété dans les pays envahis, et à l'observation des lois morales à l'égard des vaincus.

Mais, malgré ces mesures préventives, la guerre n'en est pas moins la plus horrible calamité. Elle ruine les peuples et favorise le développement des instincts les plus sauvages par là même qu'elle autorise l'homicide, le pillage et tous les désordres les plus épouvantables.

QUATRIÈME PARTIE

DES DEVOIRS PERSONNELS

Les devoirs personnels sont ceux que nous avons à remplir envers nous-mêmes. Il y a des philosophes qui en contestent l'existence, prétendant que nous ne nous devons rien à nous-mêmes. Saint Thomas dit que l'existence de ces devoirs n'est pas aussi évidente que celle des devoirs envers Dieu et envers le prochain. Car que l'homme doive quelque chose à Dieu et à ses semblables, c'est ce que l'on conçoit facilement ; mais qu'il soit redevable envers lui-même, cela n'est pas aussi manifeste. C'est pour ce motif, dit-il, que nos devoirs envers nous-mêmes n'ont pas été compris dans le Décalogue qui n'exprime que les premiers principes de la loi naturelle. Mais l'existence de ces devoirs n'en est pas moins réelle. Car l'homme n'est pas un être indépendant qui n'appartienne qu'à lui. Il relève de Dieu qui l'a honoré de l'existence et il lui doit compte de l'usage qu'il fait de ses facultés. Comme il se divise naturellement en deux parties, le corps et l'âme, ses devoirs envers lui-même se rapportent à ces deux éléments constitutifs de sa personne. Nous commencerons par traiter des devoirs relatifs au corps.

CHAPITRE PREMIER

Devoirs de conservation personnelle. Le suicide.

1. Des soins que l'on doit au corps. — Le corps est une partie essentielle de nous-mêmes. L'âme en a besoin pour son développement. C'est aux organes corporels qu'elle doit la connaissance du monde extérieur et quand un des sens lui fait défaut, elle est privée des idées qui y correspondent.

Le corps est un serviteur dont elle ne peut se passer pour la plupart de ses opérations. Quoique le corps soit la partie inférieure de notre être, il rend à l'âme de tels services qu'il importe pour l'âme elle-même qu'il soit sain et vigoureux.

C'est pour cela que nous ne pouvons négliger notre santé sans nous rendre coupables envers nous-mêmes d'une faute grave.

Ainsi nous sommes obligés de nous nourrir sainement, de nous vêtir avec soin selon les exigences des saisons, de veiller à la salubrité des appartements que nous habitons, d'attacher un grand prix à la propreté qui est une des conditions les plus impérieuses de la santé, en un mot d'être très soigneux de notre personne, mais sans recherche, sans prétention, sans nous rendre esclaves de ces petits riens qui enlèvent à l'homme son caractère sérieux pour en faire un être ridicule.

Ces misérables vanités n'importent d'ailleurs nullement à la santé. Elles absorbent l'homme et en font un être égoïste qui ne paraît occupé que de lui-même.

Mais il faut éviter un travail excessif, de longues veilles, des privations capables d'affaiblir le corps ou de désorganiser l'estomac, et tout ce qui peut compromettre la régularité des fonctions de l'organisme humain.

Ce devoir s'impose tout particulièrement aux chefs de famille et à toutes les personnes dont la santé est utile aux autres. Plus les services qu'ils rendent sont importants et plus ils sont tenus à veiller à leur conservation dans l'intérêt de la société elle-même.

2. Du suicide. — On se demande si l'homme désespéré a le droit de se donner la mort.

Ceux qui supposent que l'homme est un être d'un jour, ne relevant de personne, n'hésitent pas à dire que du moment que la vie n'est plus qu'un fardeau insupportable, on est libre de s'en décharger. La non-existence valant mieux que l'existence. pourquoi n'écouteraient-ils pas dans cette circonstance, comme dans toutes les autres, la voix de l'intérêt qui est l'unique mobile de ces hommes sans croyance?

Mais pour celui qui sait que l'homme a reçu de Dieu l'existence et qu'il lui en demandera compte, le suicide est un grand crime. C'est : 1° un attentat contre Dieu; 2° une injustice contre la société; 3° un oubli de tous les devoirs envers soi-même.

1° Un attentat contre Dieu. Quand le philosophe spiritualiste veut nous donner une idée de la mission de l'homme sur la terre, il nous représente la société comme une armée qui est sous les ordres de Dieu. Dans cette armée rangée sous l'action de sa Providence, chacun a son poste assigné. Nous devons donc nous considérer comme des soldats qui attendent l'ordre de leur chef et qui ne doivent pas s'en aller avant qu'ils ne soient appelés. Le poste a beau être désagréable, fatiguant et pénible, le bon soldat y reste. Celui qui le quitte de lui-même est un lâche qui fuit devant l'ennemi, un transfuge qui abandonne son drapeau, un misérable qui forfait à l'honneur, en désertant le drapeau à l'heure où il avait le plus besoin d'être défendu.

C'est l'image dont se sert Socrate dans le *Phédon* et c'est le raisonnement qu'il développe devant ses amis pour leur montrer que le suicide est une lâcheté et un attentat contre Dieu. « Notre vie ne nous appartient pas, dit-il; c'est un dépôt que nous avons reçu de Dieu et nous ne pouvons le lui rendre avant qu'il nous le redemande. Le rejeter avec mépris, c'est faire injure au don qu'il nous a fait. »

2° Le suicide est une injustice contre la société. Si celui qui se tue, dit M. de Boulogne, est un jeune homme, il plonge dans la plus affreuse douleur une famille tout entière, une mère chérie, un vieux père dont il devait embellir ou consoler les derniers jours. Fils ingrat et dénaturé, que de larmes il coûtera à la sensibilité de ses infortunés parents!

Si ce sont des chefs de famille, un père, une mère qui se donnent la mort, ils laissent dans un veuvage prématuré la moitié d'eux-mêmes au mépris des plus saints engagements; ils abandonnent orphelins avant le temps de malheureux enfants qui ont à peine goûté peut-être les douceurs de la piété filiale!

Supposé que l'homme soit seul au monde, qu'il n'ait ni parents, ni amis, ce qui n'est guère possible, dans ce cas il se doit à la société qui l'a fait ce qu'il est. Car l'homme n'est rien par lui-même. Il a reçu de ceux qui l'ont accueilli à son entrée dans la vie son existence physique, intellectuelle et morale. Sans ses rapports avec ses semblables son corps aurait été sans aliments, son esprit sans culture, sa volonté sans direction; c'est donc à la société, après Dieu, qu'il doit ce qu'il a de forces, de sentiments et d'idées.

Ne doit-il pas en retour de ce qu'elle lui a donné chercher à lui rendre des services. S'il se dérobe au fort de la lutte, s'il ne laisse après lui que de mauvais exemples et de mauvaises actions n'est-il pas aussi injuste que le débiteur qui refuse de remplir ses engagements?

3° C'est un oubli de tous les devoirs de l'homme envers lui-même. Se tuer soi-même est une lâcheté et toute lâcheté est un opprobre. On a voulu vainement voir là une marque de courage et de grandeur d'âme. Celui qui est courageux supporte avec résignation les plus rudes épreuves et les adoucit par la patience. Mais l'homme qui s'en délivre en se délivrant de la vie témoigne tout à la fois d'une grande faiblesse et d'un manque de cœur.

Pourquoi en effet l'homme se donne-t-il la mort? C'est pour se soustraire à un chagrin que lui cause une passion déçue, une entreprise avortée, des souffrances corporelles intolérables, la perte de sa fortune, une honte, une infortune quelconque. S'il avait supporté ces coups du sort sans en être abattu, j'aurais admiré sa force; au lieu que quand je le vois fuir lâchement et refuser le combat, je le méprise et je ne vois en lui qu'un misérable qui a déserté le devoir au détriment de ses plus graves intérêts.

C'est une tache qu'il a ajoutée à sa vie en mettant le sceau à sa réprobation par l'impénitence finale.

3. Du suicide partiel. — Le suicide partiel n'est pas plus permis que le suicide complet. L'homme n'ayant pas le droit de disposer de sa vie ne peut pas légitimement abréger ses jours. Toute action qui a pour but d'avancer la fin de son existence est condamnable.

Ainsi un poison lent, des exercices forcés, des privations contre nature, en un mot tout ce qui peut être funeste à la santé est défendu.

Il n'est pas permis de se souhaiter la mort; car c'est faire mépris du premier don que Dieu nous ait fait, de l'existence.

On ne peut non plus se mutiler, à moins que le sacrifice d'un membre ne soit nécessaire à la conservation du corps entier.

Le conscrit qui se mutile ou qui s'estropie pour éviter le service militaire commet une double faute : il manque à ses devoirs envers lui-même et envers l'État.

Il dégrade son corps pour se rendre incapable d'acquitter une dette qu'il a contractée envers son pays.

CHAPITRE II

Des principales formes du respect de soi-même. Tempérance et modestie, prudence, prévoyance et courage.

L'homme, comme nous l'avons dit, n'est pas une chose, mais une personne, parce qu'il est un être intelligent et libre. Pour ce double motif il doit avoir un grand respect de lui-même; c'est là ce qui constitue sa dignité et sa grandeur. En raison du rang qu'il

occupe dans la hiérarchie des êtres créés, il doit dominer ses instincts et ses inclinations sensuels; c'est
ce qu'il fait par la tempérance. Son intelligence doit
l'éclairer dans ses décisions relativement à sa conduite et ces prescriptions sont l'œuvre de la prudence.
Enfin il faut que sa volonté ait la force d'accomplir
son devoir et c'est ce qu'elle fait par le courage. La
tempérance, la prudence et la force ou le courage ont
été rangées par les moralistes anciens, Aristote, Cicéron, au nombre des vertus fondamentales sur lesquelles
toutes les autres reposent. Saint Ambroise, saint Thomas d'Aquin et tous les écrivains ecclésiastiques les ont
reconnues et décrites sous le nom de vertus cardinales.

Nous allons traiter de ces trois grandes vertus auxquelles nous rattacherons la modestie et la prévoyance.

§ 1ᵉʳ. — DE LA TEMPÉRANCE ET DE LA MODESTIE.

1. Des appétits sensuels. — L'étude de notre âme
nous apprend qu'il y a en elle des attraits puissants,
des inclinations très vives d'où naissent nos passions.

Ces attraits qu'on désigne sous le nom d'appétits
sensuels ont pour but la conservation et le développement de notre vie physique. Tels sont le besoin de
nourriture, le besoin de repos ou de sommeil.

Ces besoins nous avertissent des devoirs que nous
avons à remplir à l'égard de notre corps.

La Providence a attaché certaines jouissances à
l'accomplissement de ces devoirs pour que nous nous
en acquittions plus sûrement et avec plus de soin.

Ainsi il est dans l'ordre de la nature que nous trou-
vions une certaine délectation dans les choses que

nous buvons et que nous mangeons pour apaiser notre faim ou calmer notre soif.

Les animaux éprouvent ces appétits et les suivent aveuglément.

L'homme est un être raisonnable et il est de sa dignité qu'il domine ces appétits et qu'il les règle conformément à la raison.

2. De la tempérance. — La tempérance est la vertu qui modère ces penchants et qui maintient l'homme dans le milieu où il doit se tenir pour éviter tout excès.

Elle l'éloigne des privations, des jeûnes, des austérités excessives qui auraient pour résultat de troubler la santé et de le mettre dans l'impossibilité de remplir les devoirs de son état.

Elle condamne en même temps le luxe de la table qui nous porte à boire ou à manger plus qu'il ne faut.

3. Des vices qui lui sont contraires. — Les vices opposées à cette vertu sont la gourmandise, l'ivrognerie et la luxure.

Pour satisfaire la gourmandise, les cuisiniers s'appliquent à multiplier les mets, à les rendre agréables et attrayants. Ils flattent la vue, l'odorat et le goût pour engager à prendre plus de nourriture que l'estomac n'en demande. De là, toutes les maladies qui font plus de ravages que le glaive, dit Sénèque, au sein de l'humanité.

Quand on s'est ainsi chargé l'estomac, on prétend avoir besoin d'un vin généreux, de liqueurs alcooliques pour aider à la digestion. Un excès en entraîne un autre. On boit immodérément et l'on contracte insensiblement l'habitude de ces boissons qui troublent l'intelligence au point que l'on ne sait plus ce que l'on fait ni ce que l'on dit.

L'ivresse abrutit l'homme et le dégrade.

La luxure entraîne dans la débauche et flétrit dans les jeunes gens surtout cette fleur éclatante qui est la beauté et l'honneur de leur âge. « Ce vice, dit le P. Lacordaire, s'imprime sur cette chair brillante qui touche le cœur; il y trace des plis honteux, des rides prématurées et accusatrices, je ne sais quoi de caduc, qui n'est pas le signe du temps ni des méditations de l'homme voué à d'austères devoirs, mais l'indice certain d'une dépravation qui a passé en dévastant. »

4. Des conséquences de l'intempérance. — A tous ses degrés et sous toutes ses formes, l'intempérance est condamnable, parce qu'elle a pour conséquences une foule de maladies qui montrent que ce vice est contraire aux devoirs que nous avons à remplir par rapport à notre conservation.

Elle abrutit celui qui s'y livre en portant atteinte à ses facultés intellectuelles et à sa dignité morale. En le rendant esclave des passions les plus grossières, elle le dépouille des qualités supérieures qui l'ennoblissent et qui le placent au-dessus des animaux.

De plus, une chose qu'il ne faut pas oublier, c'est que ce vice n'a pas même l'avantage de donner le plaisir qu'il promet. Car à peine a-t-on touché à cette coupe enchanteresse que le breuvage qu'elle renferme se change en poison et qu'à la jouissance qu'il procure succèdent de cruelles douleurs. « L'intempérance, dit Montaigne, est peste de la volupté, et la tempérance n'est pas son fléau; c'est son assaisonnement. »

5. De la modestie. — La modestie est une vertu

qui se rattache naturellement à la tempérance. Comme
elle, elle évite les excès.

Ce que l'on désire dans l'attitude et le maintien
d'une personne ce n'est pas la timidité qui paralyse et
qui nuit aux moyens que l'on a ; ce n'est pas non plus
cette confiance excessive qu'on a en soi-même qui
rend arrogant et dédaigneux.

Dans le discours, dans la conversation la modestie
observe la note exacte et vraie ; elle se tient entre
un accent trop bas et trop élevé.

Elle saisit le ton que donnent le bon sens et
la véritable intelligence. C'est ce qui fait qu'elle est
toujours la compagne du talent.

Elle est d'ailleurs sa meilleure recommandation.
« La modestie, a dit La Bruyère, est au mérite ce que
les ombres sont aux figures dans un tableau ; elle lui
donne de la force et du relief. »

C'est une vertu qui honore l'homme en raison
même de sa distinction ; mais elle est indispensable
à la femme, car on ne conçoit pas qu'une femme
comme il faut ne soit pas modeste.

§ 2. — DE LA PRUDENCE. DE LA PRÉVOYANCE.

1. Définition de la prudence. — La prudence qu'on
désigne aussi sous le nom de sagesse est une vertu
intellectuelle ; elle est la lumière de la raison.

Elle a pour but de diriger l'homme en lui indiquant
les moyens qu'il doit prendre pour arriver au but
qu'il se propose.

Ce but peut se rapporter aux affaires présentes.
Un général a pour but de remporter la victoire. S'il
est prudent il prendra les meilleurs moyens pour
triompher de l'ennemi. Un navigateur se propose d'aller

dans un pays déterminé ; il sera sage ou prudent s'il
se munit des provisions nécessaires et de tout ce qu'il
faut pour lutter contre les tempêtes qui peuvent
l'assaillir.

S'il s'agit de la fin dernière qui est le couronnement de notre existence, l'homme prudent est celui
qui prend toutes les mesures nécessaires pour assurer
son avenir éternel.

2. Du choix du but. — Comme vertu la prudence
nous éclaire sur le choix du but que nous devons
nous proposer. L'homme juste ne se propose jamais
qu'un but louable, conforme à l'accomplissement de
son devoir et aux prescriptions de sa conscience.

Le méchant qui a une intention mauvaise peut être
habile dans l'exécution de ses projets. Ainsi on trouve
des voleurs et des assassins qui prennent parfaitement leurs mesures pour arriver à leur but ; mais ce
but étant mauvais, cette habileté n'est qu'une fausse
prudence qui est viciée par la perversité de l'intention
et qui ne mérite pas le nom de vertu.

8. Du choix des moyens. — De même il est nécessaire que l'on ne fasse usage que de moyens honnêtes.
En vain la fin qu'on a en vue serait-elle excellente,
si les moyens que l'on emploie sont illégitimes, on
ne suit plus l'inspiration de la prudence considérée
comme vertu, mais on a recours au dol, à la fraude,
à la ruse, c'est-à-dire aux vices qui n'en ont que la
ressemblance.

De là le principe que l'on ne doit jamais faire une
mauvaise action, dut-il en arriver un bien.

4. De la prévoyance. — La prudence est une vertu

qui voit de loin et qui a pour but de se servir du présent dans l'intérêt de l'avenir.

Elle a nécessairement la prévoyance pour compagne.

Elle consulte le passé et à la lumière de l'expérience elle voit ce que peut produire une action que l'on est sur le point de commettre.

La sûreté de cette appréciation fait précisément la supériorité de l'intelligence.

Ainsi on n'hésite pas à faire un léger sacrifice dans le moment présent en prévision des conséquences heureuses qu'il peut avoir dans l'avenir.

C'est le grain qu'on met en terre et qui doit avec le temps donner une ample moisson.

Si l'on est placé 'entre deux maux on pèse à l'aide de la prévoyance ce qu'ils peuvent l'un et l'autre produire et on choisit le moindre.

Au contraire on préfère à un bien moindre un bien plus considérable.

Toute la vie est soumise à ces hésitations et à ces incertitudes.

La prévoyance est la vertu du chef de l'État, du père de famille, de celui qui est à la tête d'une entreprise quelconque.

L'homme imprévoyant est un homme nul, incapable de diriger sa barque au milieu des agitations et des vicissitudes de la vie.

§ 3. — DU COURAGE.

1. Des différents noms que prend cette vertu. — La prudence est la vertu qui règle l'intelligence.

Le courage est une vertu qui se rapporte à la volonté.

L'expérience nous apprend que dans l'exercice de notre liberté, nous sommes souvent entravés.

Si nous luttons contre les souffrances de cette vie, l'énergie de notre volonté prend le nom de *patience*. On appelle *courage* proprement dit la vertu qui nous fait braver les dangers; et on désigne sous le nom de *fermeté d'âme* la force de la conscience qui résiste à toutes les tentations qui peuvent l'assaillir.

2. De la patience. — La patience consiste à supporter sans se plaindre non seulement les douleurs corporelles, mais les humiliations, les affronts et les contrariétés auxquelles on peut être exposé. C'est dans l'adversité que l'homme révèle sa grandeur; les tribulations l'éprouvent, dit le Sage, comme le feu éprouve l'or. « Le vray patient, dit saint François de Sales, ne se plaint point de son mal, ny ne désire qu'on le plaigne, il en parle naïfement, véritablement et simplement sans se lamenter, sans se plaindre, sans l'agrandir : que si on le plaint, il souffre patiemment qu'on le plaigne, sinon qu'on le plaigne de quelque mal qu'il n'a pas. Car alors il déclare modestement qu'il n'a point ce mal-là, et demeure en cette sorte paisible entre la vérité et la patience, contenant son mal et ne s'en plaignant point. »

L'impatience qui est opposée à cette vertu touche à l'irritation et à la colère. Celui qui manque de patience ne se possède plus et s'irrite contre lui-même et contre les autres. Cette passion le bouleverse et le met en opposition avec la raison; car au lieu d'adoucir son mal elle ne fait que l'aggraver.

3. Du courage proprement dit. — Le courage pro-

prement dit consiste à affronter un grand péril pour
l'accomplissement d'un devoir. Celui qui s'exposerait
à un danger certain ou qui sacrifierait sa vie sans
motif, ne devrait pas être considéré comme un homme
courageux. On ne devrait voir en lui qu'un insensé
dont la conduite devrait être sévèrement blâmée.
Calanus montant sur un bûcher et s'y faisant brûler
vif pour prouver qu'il ne craignait ni la douleur ni la
mort n'était pas digne de l'admiration d'Alexandre.

Mais on loue avec raison le courage du soldat qui
reste sur le champ de bataille au milieu des projectiles qui pleuvent autour de lui et qui fait ainsi le
sacrifice de sa vie par dévouement pour sa patrie.

Cicéron trouvait le courage civil supérieur au
courage militaire, et il croyait qu'il fallait souvent au
magistrat plus de force d'âme pour remplir son
devoir qu'au militaire pour braver les traits de
l'ennemi. Il avait des raisons personnelles pour
penser ainsi, mais à tout prendre nous sommes de
son sentiment; parce que le courage militaire n'est
que l'élan, la chaleur du moment, tandis que celui de
l'homme d'État suppose une persévérance et une
constance qui exigent une force plus réelle.

Les anciens ne vantaient que le courage militaire,
mais nous croyons que l'on peut mettre sur la même
ligne celui du médecin ou de la religieuse qui se
dévouent en temps de peste pour le salut des malades,
celui de l'homme qui se jette à l'eau, ou au milieu
des flammes pour sauver un de ses semblables.

Mais le courage qui l'emporte sur tous les autres,
c'est celui de l'homme de foi, qui résiste à toutes les
séductions et à tous les supplices et qui donne jusqu'à
la dernière goutte de son sang pour la vérité; c'est le
martyre.

4. De la fermeté d'âme. — Quand la volonté repose sur des convictions bien établies, elle acquiert cette fermeté qui la met à l'abri de toutes les fluctuations qu'éprouve celui qui n'a pas d'autre mobile que l'intérêt.

Ces hommes qui regardent perpétuellement de quel côté le vent souffle pour y tendre leur voile sont sans cesse agités par les fluctuations de l'opinion qui les pousse dans les sens les plus contraires.

S'ils éprouvent une déception ou un revers, ils sont aussitôt abattus.

Quand la fortune les favorise, ils s'enflent et n'ont que du dédain et du mépris pour les autres. Mais la fermeté d'âme rend la volonté perpétuellement maîtresse d'elle-même, se tenant à égale distance de la bassesse et de l'orgueil.

5. Des autres vertus qui naissent du respect de soi-même. — L'homme qui a le sentiment de sa dignité est simple, noble et modeste.

Il ne connaît ni la bassesse, ni la flatterie. Il sait qu'il a reçu de Dieu une nature élevée et libre et il considère comme un de ses devoirs les plus stricts de respecter ses prérogatives et de les faire respecter aux autres.

« Celui qui se fait ver de terre, a dit Kant, peut-il se plaindre d'être écrasé? »

Mais cette fierté légitime ne dégénère pas en une sotte vanité ou en un stupide orgueil.

L'orgueilleux se nuit à lui-même autant qu'il déplaît aux autres par l'estime exagérée qu'il a de sa personne. Ce faux sentiment le rend souvent insolent et brutal et le porte à opprimer les autres en rabaissant leurs mérites.

Quand il ne peut pas se glorifier de grandes choses, ce qui est habituel, il s'efforce de tirer avantage des petites et sa fatuité dégénérant ainsi en vanité et en pédantisme le jette dans le ridicule, au moment où il croyait arriver à la gloire.

Le vrai mérite est humble et modeste, parce qu'il a le sentiment de ses imperfections et de sa faiblesse et qu'il voit ceux qui sont au-dessus de lui, au lieu de ne s'attacher qu'aux talents qu'il se suppose.

CHAPITRE III

Du respect de la vérité. Sincérité vis-à-vis de soi-même.

1. De la vérité. — La vérité, dit Bossuet, est ce qui est, et l'erreur ce qui n'est pas. Nous ne sommes pas infaillibles; nous prenons souvent l'erreur pour la vérité et dans ce cas nous affirmons ce qui n'est pas.

Si nous le faisons de bonne foi, nous ne sommes pas répréhensibles.

Mais quand nous affirmons sciemment ce qui n'est pas, notre parole est en opposition avec notre pensée et nous faisons alors un mensonge.

2. Du mensonge. — On peut définir le mensonge, l'affirmation d'une chose contraire à ce que l'on pense. Si l'on affirmait une chose qui existe réellement, mais en pensant qu'elle n'existe pas, on dirait une vérité tout en faisant un mensonge.

On peut mentir par parole, par action, par écrit,

par geste, même en gardant le silence lorsqu'on devrait nier ce que l'cn entend.

Tout mensonge est odieux et condamnable.

8. Des différentes sortes de mensonge. — A la vérité tous les mensonges n'ont pas la même gravité.

On distingue le mensonge joyeux, le mensonge officieux et le mensonge pernicieux.

Le mensonge joyeux est celui que l'on fait pour s'amuser ou amuser les autres. Souvent ces récits d'après leur caractère ne sont pas de nature à tromper les autres. On en retranche aisément les ornements fictifs qui ne sont imaginés que pour l'agrément et ils deviennent alors aussi innocents que les fables, les allégories ou les inventions dont les poètes ornent leurs tableaux.

Le mensonge officieux a pour but de se tirer d'embarras, de se disculper ou de disculper les autres. L'intention en atténue la gravité, mais il ne le justifie pas.

Mais il y a de ces mensonges qui ne trompent personne. Si je vais voir quelqu'un et qu'on me dise qu'il n'y est pas, je comprends qu'il n'est pas disposé à me recevoir. Un marchand m'affirme qu'il me donne sa marchandise au prix coûtant, je serais bien naïf si je m'en rapportais à sa parole.

Le mensonge pernicieux est celui qui porte préjudice au prochain. C'est une faute dont la gravité est proportionnée au dommage causé.

Ce mensonge peut être une calomnie ou un faux témoignage. Nous avons parlé plus haut de la calomnie (Voy. p. 81).

4. Du faux témoignage. — Quand on est cité en

justice pour rendre témoignage, le juge dit au témoin
de lever la main et de jurer devant Dieu qu'il va dire
la vérité, rien que la vérité, mais toute la vérité. Le
témoin le jure. C'est ce qu'on appelle un serment.

S'il ménage l'accusé et qu'il ne dise pas tout ce qu'il
sait ou s'il dépose contre lui en affirmant des choses
qu'il sait être fausses, il manque à son serment et
commet un parjure.

Le faux témoignage est une faute énorme. Il
implique un double mensonge; une violation de la
vérité et un attentat contre Dieu que le faux témoin
rend en quelque sorte complice de sa fausseté en la
scellant de son caractère sacré.

Les lois civiles frappent de peines très sévères les
faux témoins et leurs suborneurs.

Ils sont responsables du tort qu'ils ont causé soit à
la société, soit à l'accusé et ils doivent autant que
possible le réparer.

5. Des autres formes du mensonge. — La flatterie,
l'hypocrisie, la jactance, l'astuce, la perfidie, en un
mot, tous les moyens déloyaux que l'on emploie pour
tromper les autres sont de véritables mensonges.

La flatterie manque tout à la fois à la vérité et à la
charité. Elle prête aux autres des qualités qu'ils n'ont
pas et par là même elle nourrit leur orgueil et les entre-
tient dans les illusions qu'ils se font sur leurs défauts.

L'hypocrisie prend les dehors de la vertu pour
cacher ses vices. C'est une contrefaçon de ce qu'il y a
de plus respectable pour dissimuler ce qu'il y a de
plus honteux. Il n'y a rien de plus méprisable que ces
hommes abjects qui prennent le masque de la vertu
pour tromper leurs semblables.

Celui qui parle de lui-même avec jactance exagère

sottement le peu de mérite qu'il a et se rend ridicule par sa vanité puérile et par le culte insensé qu'il a de lui-même.

Le rusé, le perfide, en un mot, tous ceux qui usent d'artifices pour tromper, ne sont que des menteurs de la pire espèce qui se font un jeu de la bonne foi des autres, et spéculent honteusement sur leur crédulité.

6. De la discrétion. — Ce n'est pas à dire toutefois que l'on soit obligé de dire tout ce que l'on sait et tout ce que l'on pense.

Si la franchise est une vertu, la discrétion est un devoir.

Suivant l'expression du sage, il y a le temps de parler et le temps de se taire.

Si l'homme était parfait on pourrait ne se servir de la parole que pour exprimer sa pensée. Mais il ne faut pas oublier que nous n'avons pas autour de nous que des gens bienveillants.

Il y aurait souvent de grands inconvénients à faire connaître certaines vérités.

C'est pour ce motif que le sage veille constamment sur ses paroles et qu'il ne dit que ce qu'il croit convenable de dire dans son intérêt et dans celui des autres.

Le bavard est un fléau qui fait trembler tout le monde. On redoute même son amitié; car comme l'a dit le poète: mieux vaut un ennemi qu'un indiscret ami.

7. De la sincérité vis-à-vis de soi-même. — On doit avoir un grand respect de la vérité non seulement envers les autres, mais encore envers soi-même. Quand l'homme s'écarte de son devoir, sa conscience l'en prévient et lui reproche avec force la faute qu'il vient de commettre. S'il est sincère vis-à-vis de lui-même il n'hésite pas à reconnaître son tort et à prendre de généreuses résolutions pour le réparer.

Mais il n'est pas rare qu'il cherche à se mentir, en s'efforçant de pallier sa faute. Alors les sophismes abondent, il disserte contre sa conscience qui le condamne et dans ce débat il a recours à une foule de mauvais arguments par lesquels il cherche à se faire illusion. Ce défaut de sincérité vis-à-vis de soi-même est très fâcheux parce qu'il a pour résultat de fausser la conscience. Tout d'abord la déviation est légère, mais peu à peu elle s'accentue et on arrive à se faire une conscience large et facile qui ne s'arrête plus devant aucun obstacle. Le chameau passe aussi aisément que le moucheron.

CHAPITRE IV

Du devoir de cultiver et de développer nos facultés.

Il y a dans l'âme trois grandes facultés : la sensibilité, l'intelligence et la volonté. Nous ne sommes pas obligés de cultiver et de développer également ces trois facultés. L'homme ne peut être universel. Chacun a ses aptitudes particulières et ce sont ces aptitudes qui déterminent notre vocation. Mais si nous ne sommes pas tenus de cultiver avec le même soin toutes nos facultés, nous avons néanmoins des devoirs à remplir envers chacune d'elles et nous allons les exposer.

§ 1ᵉʳ. — DU DEVOIR DE CULTIVER ET DE DÉVELOPPER LA SENSIBILITÉ. DE L'ÉDUCATION ET DU PERFECTIONNEMENT DES SENS. DES ARTS ET MÉTIERS.

1. De la répression des appétits sensuels. — L'animal obéit aveuglément à ses appétits et ne cherche qu'à les satisfaire. Mais dans l'homme il y a une lumière supérieure aux sens, c'est la lumière de la raison qui doit commander à la partie inférieure de nous-mêmes.

« Que si le corps pèse si fort à mon esprit, si ses besoins m'embarrassent et me gênent, dit Bossuet, si les plaisirs et les douleurs qui me viennent de son côté me captivent et m'accablent; si les sens qui dépendent tout à fait des organes corporels prennent le dessus sur la raison même avec tant de facilité, nous ne pouvons l'attribuer qu'à un désordre dont ma religion m'apprend la cause et que ma raison me confirme par les observations qu'elle fait tous les jours. »

Notre premier devoir est de combattre ce désordre autant que possible en rendant à la raison le sceptre qui lui a été enlevé et en soumettant les sens à ses prescriptions supérieures.

Nous devons ensuite nous servir des sens pour dominer la nature matérielle et en tirer des inspirations qui élèvent l'âme et l'ennoblissent.

2. De la vue et des arts plastiques. — La vue est le sens artistique. Il nous fait connaître les couleurs et par extension la forme et la surface. A l'aide du tact, nous arrivons à juger des grandeurs et des distances. Mais pour cela, il faut qu'il soit tout particulièrement exercé et discipliné.

Dans l'enfant, les objets sont confus et paraissent tous de même taille et à égale distance. Cette illusion se dissipe peu à peu et l'expérience rectifie les erreurs de perspective.

La vue nous montre le beau dans la nature. C'est elle qui nous permet de contempler ce magnifique spectacle que nous offrent le ciel danstoute sa magnificence et le monde extérieur dans la variété de ses richesses.

Elle inspire l'art qui n'est qu'une imitation de la nature. C'est à elle que se rapportent l'architecture, la peinture, la sculpture, en un mot, tous les arts plastiques qui se servent de la forme sensible pour donner une idée du beau.

8. De l'ouïe. De la parole et de la musique. — L'ouïe perçoit les sons, et les sons produisent la parole qui permet aux hommes de se communiquer leurs pensées et leurs sentiments.

L'enfant reproduit les sons tels qu'il les entend. Sa prononciation se modèle sur celle des personnes qui l'entourent. C'est pourquoi il importe de ne l'entourer dès le commencement que de serviteurs ou de maîtres qui parlent convenablement leur langue.

L'éducation peut rectifier certaines habitudes mauvaises, mais il n'est guère possible d'enlever à un homme ce qu'on appelle l'accent du pays.

Le chant est aussi tout à la fois comme le langage un don et un art. La musique demande une culture longue et assidue.

Pour y réussir réellement, il faut y consacrer beaucoup de temps et être doué d'une finesse d'oreille capable de se rendre compte des nuances les plus imperceptibles.

4. Des arts et des métiers. — Les arts, dit Bossuet, règlent les métiers. L'architecture commande aux maçons, aux menuisiers et aux autres ouvriers employés dans le bâtiment. L'art de mener les chevaux dirige ceux qui font les mors, les fers, les brides et les autres choses semblables.

Les métiers sont inférieurs aux arts. Ils ne sont pas dépourvus, d'intelligence, mais ils exécutent manuellement ce que l'intelligence commande, et céux qui s'y livrent sont des ouvriers et non des artistes.

Michel-Ange était peintre, sculpteur et architecte et il s'est élevé dans ces trois arts au premier rang. Mais habituellement un homme ne s'occupe que d'un art ou d'un métier. Il doit s'appliquer à s'y perfectionner autant qu'il en est capable.

§ 2. — DU DEVOIR DE CULTIVER
ET DE PERFECTIONNER SON INTELLIGENCE.

1. De l'objet de l'intelligence. — L'intelligence est la faculté de connaître. C'est par ses connaissances que l'homme se distingue des animaux et qu'il occupe un rang élevé parmi ses semblables.

Nous naissons dépourvus de toute notion. Mais nous avons ce qu'il faut pour sortir de cette ignorance. Nous en triomphons peu à peu et il est à remarquer qu'à mesure que nos connaissances s'étendent, nous nous sentons plus désireux d'en acquérir. C'est un besoin insatiable, parce que, quel que soit notre savoir, nous sommes frappés de son insuffisance et nous cherchons sans cesse à l'augmenter.

Pour bien nous rendre compte de nos devoirs envers l'intelligence, il faut distinguer trois sortes de connaissances : les connaissances générales, les connaissances obligatoires et les connaissances utiles ou agréables.

2. Des connaissances générales. — Il y a des connaissances générales qui sont essentielles à tous les hommes. Celui qui ne sait ni lire, ni écrire, est un ignorant qui est condamné à ne connaître la vérité que par ce qu'il lui en arrive au moyen de la conversation.

Il faut qu'un homme possède sa langue et soit en état d'exprimer nettement ses idées.

On ne peut pas non plus être étranger au calcul et ne rien savoir ni des sciences physiques, ni des sciences naturelles.

On est obligé de connaître au moins la provenance et la nature des choses usuelles dont on se sert à chaque instant. L'alimentation, le vêtement, l'éclairage, le chauffage et une foule d'autres choses qui entrent dans les habitudes de la vie, ne peuvent être ignorées de l'homme le plus ordinaire qui est en possession de sa raison.

3. Des connaissances obligatoires. — Mais indépendamment de ces connaissances générales qui doivent être le patrimoine de tous, il y a des connaissances spéciales qu'on est tenu de posséder. Ce sont les connaissances propres à la fonction qu'on remplit, à l'état que l'on exerce.

Un avocat, un magistrat doivent connaître la jurisprudence, un prêtre la théologie, un médecin la médecine, et ainsi de toutes les professions.

Ces connaissances sont obligatoires et si un homme qui exerce une profession compromet par sa faute les intérêts qui lui sont confiés, il · est responsable. Il doit indemniser, autant que possible, celui qui a eu à souffrir de son ignorance.

4. Des connaissances utiles et agréables. — Les connaissances utiles sont celles qu'il est bon de posséder dans l'intérêt même de la charge et de l'emploi que l'on a. Elles ont par conséquent beaucoup de rapport et d'affinité avec les connaissances obligatoires.

Un homme qui se renfermerait étroitement dans le cercle des connaissances spéciales ou obligatoires risquerait fort de manquer du nécessaire, parce que les sciences ne sont pas tellement circonscrites dans leur domaine qu'elles n'aient de nombreuses ramifications dans les sciences particulières qui ont quelque analogie avec elles.

Ainsi la jurisprudence touche par beaucoup de points à la théologie et à la médecine, la théologie à la philosophie et à l'histoire, la médecine aux sciences naturelles et à la chimie et ainsi des autres.

On aime d'ailleurs qu'un homme ne parle pas que des choses de son état et on serait étonné qu'un avocat, un ecclésiastique, un médecin fussent étrangers à la littérature, aux arts et à une foule de connaissances usuelles qui ne lui sont pourtant pas essentielles.

Il est bon également qu'ils possèdent quelques arts d'agréments. Cette variété de talents les honore; seulement il est à désirer qu'on ne consacre pas trop de temps à ces connaissances secondaires et qu'on

réserve toutes ses forces pour les connaissances obligatoires que l'on doit chercher perpétuellement à
étendre et à perfectionner.

5. Du perfectionnement de l'intelligence. — L'intelligence est faite pour la vérité. Mais elle n'est pas
chez tous les hommes également apte à la recevoir.

Il en est de la vue de l'esprit comme de la vue du
corps.

Il y a des vues courtes qui ne peuvent voir la vérité
à distance, il y en a au contraire qui éloignent et qui
ne la voient que derrière elles, dans un passé loin-
tain. Les unes ne paraissent faites que pour les choses
sensibles; d'autres se plaisent dans les abstractions.
Il en est qui grossissent les objets et d'autres qui les
diminuent. Enfin on en trouve qui les embellissent et
les enveloppent de nuances gaies et agréables et il y
en a au contraire qui les assombrissent et répandent
sur toutes choses des couleurs tristes et lugubres.

C'est un prisme qui cause bien des illusions.

Pour perfectionner l'intelligence il faudrait tâcher
de lui faire voir les choses telles qu'elles sont. Car la
vérité l'étend et la fortifie, tandis que l'erreur la
dégrade et l'affaiblit.

Mais pour arriver là il y a bien des difficultés à
vaincre.

Nous connaissons les causes de nos erreurs. Du
côté de l'entendement ce sont les illusions des sens et
de la conscience et les faux raisonnements qui nous
trompent. Du côté de la volonté ce sont les passions
qui nous aveuglent ou qui nous montrent les choses
sous un jour trompeur.

Nous savons aussi les remèdes à employer contre
nos erreurs. On nous a dit assez souvent qu'il ne

fallait rien juger avec précipitation et que nous
devons nous tenir en garde contre les préventions
et les préjugés qui obscurcissent souvent notre entendement.

Nous n'en restons pas moins des êtres faillibles.
Seulement le sentiment que nous avons de notre faiblesse doit nous rappeler que nous devons veiller
perpétuellement sur nous-mêmes pour apporter dans
tous nos jugements la droiture et la maturité dont
nous sommes susceptibles et que les chances d'erreurs
auxquelles nous sommes exposés nous font un devoir
d'être bienveillants et tolérants pour les autres.

§ 3. — DU DEVOIR DE CULTIVER ET DE DÉVELOPPER LA VOLONTÉ.

1. De l'objet de la volonté. — La volonté a pour
objet la pratique du bien.

Dieu nous a donné la liberté, non pour que nous en
abusions, mais pour que nous en fassions bon usage.

D'après saint Thomas, la volonté est par rapport au
bien moral ce que l'intelligence est par rapport à la
vérité.

L'intelligence parfaite n'est pas celle qui se trompe,
mais celle qui ne se trompe pas. L'erreur est la conséquence de la faiblesse de notre raison et de son
imperfection.

De même la volonté forte et admirable n'est pas
celle qui se détourne du devoir, mais c'est celle qui
est irréprochable et qui ne connaît ni défaillance ni
écart.

L'homme ne peut arriver à cette perfection, mais il
doit y tendre en cherchant à s'affranchir autant que
possible du mal et de son influence.

Voilà le devoir que nous avons à remplir à l'égard de notre volonté.

2. De l'éducation morale. — Pour y parvenir il faut que l'homme soit bien élevé.

Son éducation morale doit commencer avec l'ouverture de sa raison et elle doit consister dans la pratique du bien.

Si vous voulez que l'enfant soit bienfaisant, il faut l'engager à venir en aide aux malheureux.

Si vous voulez qu'il soit pieux, il faut lui apprendre à prier et lui inspirer le goût des exercices religieux.

Si vous voulez qu'il soit laborieux, il faut l'occuper sans cesse et ne pas le laisser flâner inutilement.

Si vous voulez qu'il respecte ceux qui sont au-dessus de lui, il faut le rendre obéissant et soumis à tout ce qui est de règle et de devoir.

De sa nature l'enfant est imitateur. Il fait ce qu'il voit faire. C'est pour ce motif qu'il importe de ne lui donner que de bons exemples.

La vertu et le vice étant des habitudes, et les habitudes résultant de la réitération des mêmes actes, il importe de veiller sur les actions des enfants et de ne leur en laisser faire que de louables.

Un homme bien élevé est celui qui n'a que de bonnes habitudes et à qui l'on a inspiré de l'éloignement pour tout ce qui est contraire à la convenance et au devoir.

3. De la perfectibilité morale. — Mais il ne faut pas oublier qu'il y a des degrés dans la vertu comme dans le vice, dans le mérite comme dans la faute.

Si l'intelligence est perfectible, la volonté l'est encore davantage.

Car, quoi qu'en ait dit Cicéron, quand la vieillesse arrive, la mémoire faiblit, l'imagination s'éteint; on conserve les connaissances acquises, mais on n'en acquiert guère de nouvelles.

Solon se réjouissait d'apprendre en vieillissant tous les jours quelque chose. Je ne sais s'il se faisait illusion, mais alors il était dans l'exception.

Il en était de même de Caton qui apprit le grec à quatre-vingts ans.

Au contraire la volonté se perfectionne jusqu'au dernier moment de l'existence.

Dans la vieillesse les passions sont calmées, la raison soutenue par l'expérience comprend mieux le devoir et son importance et la volonté l'observe avec plus d'exactitude et de précision.

Les jeunes gens trouvent dans les vieillards un éclat et une solidité de vertu qu'ils n'ont pas et c'est ce qui commande leur respect et leur admiration.

4. **De l'examen de conscience.** — Pour assurer nos progrès dans la vertu, nous devons tous les soirs faire un sérieux examen de l'emploi que nous avons fait de notre temps. Il faut que l'homme soit à lui-même son conseiller, son juge et qu'il se rende compte de ses défauts, de ses faiblesses, et qu'il lutte constamment contre ses passions, et les influences fâcheuses qui peuvent le détourner du devoir.

Les moralistes chrétiens nous font un devoir de nous recueillir tous les soirs devant Dieu et de faire un sérieux examen de conscience.

Les philosophes anciens avaient eux-mêmes senti la nécessité de cette pratique. « Nous devons tous les jours, dit Sénèque, appeler notre âme à rendre ses comptes. Ainsi faisait Sextius; sa journée terminée, il

interrogeait son âme : de quel défaut t'es-tu aujour
d'hui guérie? quelle passion as-tu combattue? en
quoi es-tu devenue meilleure? quoi de plus beau que
cette habitude de repasser ainsi toute la journée!...
Ainsi fais-je, en remplissant envers moi les fonctions
de juge, je me cite à mon tribunal. Quand on a
emporté la lumière de ma chambre, je commence une
enquête sur toute ma journée, je reviens sur toutes
mes actions et mes paroles. Je ne me dissimule rien,
je ne me passe rien. Eh! pourquoi craindrais-je d'en-
visager une seule de mes fautes, quand je puis me
dire : prends garde de recommencer : pour aujour-
d'hui, je te pardonne? »

Mieux inspirés que Sénèque ce n'est pas de nous-
mêmes que nous sollicitons notre pardon. Nous pourrions parfois avoir une indulgence qui nous ferait
illusion. Mais c'est à Dieu que nous nous adressons,
confiant dans sa miséricorde, et bien persuadés que
sa justice ne peut nous pardonner qu'autant que
nous sommes repentants et disposés à ne pas renou-
veler la faute que nous déplorons.

CHAPITRE V

Le travail : sa nécessité, son influence morale.

1. Du travail en général. — L'homme vient au
monde dénué de tout. S'il veut se nourrir il est nécessaire qu'il cultive la terre. S'il l'abandonne à elle-
même, elle ne lui donnera que des fruits sauvages.

S'il veut se loger et se vêtir, il faut qu'il se construise des maisons et qu'il se fasse des habits. C'est un autre genre d'occupation. Son habitation sera agréable et commode, ses vêtements seront plus ou moins bien appropriés à ses besoins en raison de la peine qu'il se sera donnée pour les faire.

Les besoins sans cesse renaissants dont notre nature est assaillie exigent de notre part des efforts continuels. C'est ce qui fait que le travail est la loi qui nous est nécessairement imposée par les exigences de notre condition.

L'homme, dit le Sage, est fait pour travailler comme l'oiseau pour voler.

Les anciens ont distingué deux sortes de travail : le travail libre et le travail servile.

2. Du travail servile. — Le travail servile était pour eux le travail corporel, le travail lucratif, le travail des mains. Ils l'appelaient ainsi parce que ce travail était exclusivement abandonné aux esclaves (*servi*).

Ils regardaient ce travail comme indigne de l'homme libre, et le supposaient par conséquent honteux et déshonorant.

Il y eut des philosophes qui combattirent ce préjugé. Mais l'opinion n'en revint pas et dans nos temps modernes, dans toutes les sociétés où l'esclavage a régné, le travail du corps a toujours été considéré comme un travail dégradant que l'homme libre laissait à l'esclave.

C'était à un tel point que quand on a émancipé les esclaves dans ces derniers temps, ils crurent qu'ils allaient être affranchis du travail manuel et ils éprouvèrent la plus grande déception, quand on leur déclara que la liberté n'avait pas pour but de les exempter de la nécessité de gagner leur pain à la sueur de leur front.

3. Du travail libre. — Les anciens donnaient le nom de travail libre à celui qui avait pour objet les arts, les sciences, les lettres, la guerre, la politique, le gouvernement des États, l'administration des villes. Ils le désignaient sous ce nom parce qu'il était l'apanage des hommes libres, des citoyens qui formaient la classe dirigeante de la société.

On ne peut contester que ce travail n'ait un caractère plus élevé que le premier. Les artistes, les littérateurs, les poètes, les orateurs, les magistrats, les généraux, les chefs d'État qui s'y livrent représentent l'élite de la nation dont ils font la gloire.

4. De la nécessité de ces deux sortes de travail. — Mais ces deux sortes de travail n'en sont pas moins nécessaires toutes les deux.

Car s'il faut des hommes d'élite à la tête de l'État pour le diriger, il est nécessaire également qu'il y ait des bras pour procurer à la population ses moyens d'existence.

Le laboureur, le maçon, le tailleur, le chapelier, le cordonnier, tous les artisans en un mot rendent à la société des services indispensables.

Aussi bien loin de mépriser le travail servile, le Christ a-t-il voulu l'ennoblir en s'y soumettant lui-même.

Avant de commencer ses prédications, il a passé sa jeunesse dans l'atelier d'un charpentier et il a manié la hache et le rabot comme le dernier des ouvriers.

5. De l'influence morale du travail. — On a reproché

à l'Église de ne voir dans le travail qu'une punition dont Dieu a frappé l'homme à la suite du péché.

Cette accusation est sans fondement.

Dans la description que la *Genèse* nous fait de l'état de l'homme avant sa chute, il est dit qu'Adam avait été placé dans le paradis terrestre pour y travailler.

Le travail au lieu d'être un châtiment était donc un des éléments qui contribuaient au bonheur de l'homme innocent.

Le péché en a seulement changé les conditions. D'agréable qu'il était, le travail est devenu pénible. Il exige perpétuellement des efforts et nous avons besoin de vaincre les mauvaises dispositions de notre nature pour ne pas succomber à la tentation de la paresse.

Mais tout pénible qu'il est, le travail n'en exerce pas moins au point de vue moral l'influence la plus heureuse. C'est le travail qui fait la force, la richesse et la grandeur des nations. C'est lui qui délivre l'homme de tous les vices qu'alimentent l'oisiveté et la misère. C'est lui qui nous assure notre liberté et notre indépendance en nous mettant au-dessus de toutes les exigences qui tyrannisent l'homme incapable ou impuissant. C'est lui qui nous permet de développer nos forces physiques, intellectuelles et morales. Car notre perfectibilité serait un privilège stérile et vain, si le travail ne fécondait pas perpétuellement notre nature en en dégageant tous les trésors qui y sont renfermés.

CINQUIÈME PARTIE

DES DEVOIRS RELIGIEUX

ET DES DROITS CORRESPONDANTS

Nous n'avons pas l'intention de traiter ici toutes les questions qu'embrasse la morale religieuse Nous nous borne-
rons à donner la solution des questions indiquées dans les
programmes. Pour cela, il nous suffira de traiter :
1° De l'existence de nos devoirs envers Dieu ;
2° Du rôle du sentiment religieux dans la morale ;
3° Du culte et de la prière ;
4° De la sanction religieuse de la morale et de l'immortalité
de l'âme.

CHAPITRE PREMIER

De l'existence de nos devoirs envers Dieu.

**1. Des philosophes qui méconnaissent les devoirs
de l'homme envers Dieu.** — Les philosophes qui
nient l'existence des devoirs de l'homme envers Dieu
sont ceux qui nient son existence ou qui se font de sa

nature et de ses rapports avec nous une fausse idée.

L'athée qui nie l'existence de Dieu ne peut pas admettre l'existence de nos devoirs religieux, puisque ces devoirs sont sans objet.

Il ne suppose pas non plus qu'il ait des devoirs à remplir envers lui-même. Car il se regarde comme le maître de son existence; le duel, le suicide lui sont permis parce qu'il n'a de compte à rendre à personne de l'usage qu'il fait de ses facultés.

La morale se borne pour lui à régler ses rapports avec autrui et il ne doit pour cela consulter que son intérêt.

Le système d'Épicure est le seul qui lui convienne.

Le panthéiste, le positiviste, l'évolutioniste, niant la création, ne voient dans l'homme que le produit fatal de la force qui régit tout.

Leur morale est la même que celle de l'athée.

Nous en dirons autant du déiste qui admet l'existence de Dieu, mais le suppose tellement au-dessus de l'homme que nous ne pouvons avoir avec lui que des rapports contemplatifs. Le culte de Rousseau est un culte d'admiration qui ne va pas jusqu'à la prière. «Je médite, dit-il, sur l'ordre de l'univers pour l'admirer sans cesse, pour adorer le sage auteur qui s'y fait sentir. Je converse avec lui, je pénètre toutes mes facultés de sa divine essence; je m'attendris à ses bienfaits, je le bénis de ses dons, mais je ne le prie pas; que lui demanderais-je? »

Si l'ordre du monde est constant, si Dieu n'intervient jamais en faveur de personne, s'il est en quelque sorte l'esclave des lois générales qu'il a établies, nous n'avons en effet qu'à nous soumettre à ces lois fatales, accepter ce qu'elles nous imposent, sans lui demander ni aide, ni soulagement.

2. De la vraie nature de Dieu et des devoirs qui en découlent. — Mais nous avons de Dieu une toute autre idée. Nous le considérons comme un être personnel, intelligent et libre.

Sa nature infinie le distingue des êtres finis qu'il a créés. La création ne lui a été nullement imposée, il a été libre de créer quand il a voulu et comme il a voulu. Sa volonté n'est point enchaînée par les lois qu'il a imposées aux êtres créés; il peut les suspendre quand il lui plaît, dans l'intérêt d'un ordre supérieur aux choses physiques et faire ainsi ce que nous appelons un miracle.

Son intelligence est sans limite comme sa liberté. Par sa science infinie il embrasse la création tout entière. Il sait ce que nous sommes, ce que nous faisons et ce que nous devons faire. Nous tenons de sa libéralité miséricordieuse toutes les facultés et tous les biens que nous possédons.

Sa Providence a perpétuellement l'œil ouvert sur nos besoins. Elle ne se borne pas à s'occuper de l'ensemble des créatures dont se compose l'univers, mais elle étend sa sollicitude sur chacun de nous, comme s'il n'y avait que nous au monde à qui elle dût penser. Elle a soin non seulement de nous donner les moyens nécessaires pour que nous remplissions notre mission, mais elle prête encore à tous les instants son appui à notre faiblesse et nous vient en aide par les inspirations heureuses qu'elle nous suggère.

Elle a pour nous toutes les tendresses d'un père pour ses enfants, et sa bonté va beaucoup plus loin puisqu'elle est infinie comme toutes ses perfections.

Du moment qu'il est reconnu que nous devons tout à Dieu, il est bien manifeste que nous devons répondre à ses bienfaits par une grande reconnaissance.

Puisqu'il est tout amour pour nous, nous devons être tout amour pour lui et ce sentiment qui résume en réalité tous nos devoirs religieux a, comme nous allons le voir, la plus grande influence sur la morale elle-même.

CHAPITRE II

Du rôle du sentiment religieux dans la morale.

1. De la religion. — D'après son étymologie, le mot religion signifie *lien*. On peut définir la religion en général le lien qui unit l'homme à Dieu.

Par religion on entend communément un ensemble de doctrines et de pratiques qui constitue les rapports de l'homme avec Dieu

Ces rapports résultent nécessairement des idées que l'on a de la nature de l'homme et de Dieu.

Nous venons de dire ce que la religion catholique nous enseigne sur la nature de Dieu.

Quant à la nature de l'homme, elle voit en lui un être composé d'une âme et d'un corps. Il est libre et raisonnable, mais placé sous la dépendance de Dieu qui l'a créé.

La religion nous apprend que nous sommes les enfants d'un même père, que le genre humain ne forme qu'une même famille et que tous les hommes doivent observer les commandements de Dieu qui sont d'ailleurs d'accord avec les prescriptions de la loi naturelle, dont ils ne sont que l'expression.

Le sentiment que la religion produit et développe

en nous se manifeste par un double amour : l'amour de Dieu et l'amour du prochain.

Tu aimeras le Seigneur ton Dieu de tout ton esprit, de toute ton âme, de toutes tes forces

Tu aimeras ton prochain comme toi-même.

Voilà les grands préceptes qui résument la religion tout entière.

2. **De l'amour de Dieu.** — Nous ne pouvons connaître Dieu sans l'aimer. Si nous le considérons en lui-même, nous voyons qu'il réunit toutes les perfections. Sa sagesse, sa puissance et sa science n'ont point de bornes; il est fidèle et saint dans toutes ses œuvres, et tout ce qu'il y a de grand, d'éclatant, d'aimable et de bon dans les créatures n'est qu'une faible image des attributs qui sont en lui.

Quand nous réfléchissons à ce qu'il a fait pour nous, notre cœur est transporté des sentiments les plus ardents de reconnaissance et d'amour. C'est lui qui nous a honorés de l'existence et qui nous a doués de toutes les facultés que nous possédons, c'est lui qui nous comble chaque jour de ses bienfaits. N'est-il pas l'auteur de tout ce que nous sommes? C'est en lui que nous trouvons, suivant l'expression de l'Apôtre, l'existence, la vie et le mouvement.

Non seulement nous devons l'aimer, mais nous devons l'aimer plus que ce qui est au monde; parce qu'il est le bien souverain, le bien infini, la cause de tout ce qui existe.

3. **De l'amour du prochain.** — Il n'est pas possible d'aimer le prochain pour lui-même. Il a trop de défauts et si l'on ne faisait attention qu'aux qualités des personnes auxquelles on rend service, on se lais-

serait facilement découragei par leurs vices et leur ingratitude.

Notre nature ne nous porte pas d'ailleurs à nous dévouer pour nos semblables. Elle est essentiellement égoïste et quand nous n'écoutons que ses inspirations nous ne songeons jamais qu'à nos intérêts personnels.

Il y a des philosophes qui remplissent leurs devoirs envers leurs semblables avec un parfait désintéressement. On trouve aussi des philanthropes qui prennent pour devise : « Fais aux autres ce que tu voudrais qu'on fît pour toi-même, » et qui en vertu de ce principe accomplissent des actes remarquables de dévouement et de courage.

Nous sommes heureux de le reconnaître à la gloire de notre nature. Mais ce ne sont là que des exceptions.

Ce n'est pas avec des théories que l'on mène les masses. Pour exciter en elles l'amour du prochain, il faut que le sentiment religieux s'empare de leur cœur et en fasse jaillir des élans généreux capables de triompher de l'égoïsme naturel qui les domine.

4. De l'influence du sentiment religieux sur la morale sociale. — « Aimez-vous les uns les autres », tel est le précepte divin. Le sentiment religieux nous rend ce précepte perpétuellement présent. Il nous dit que tous les hommes sont frères et que nous devons tous nous aimer comme les membres d'une même famille. Il nous montre Dieu comme le père de cette grande famille et il nous engage à nous dévouer tous les uns pour les autres.

Ce sentiment d'union intime, de sacrifices réciproques nous excite non seulement à remplir nos devoirs de justice en nous empêchant de faire du tort aux autres, mais il allume au fond de nos cœurs le feu sacré de la charité et nous inspire ces actes héroïques qui nous portent à donner à nos semblables tout ce que nous avons, nos biens, notre temps, nos lumières, notre vie elle-même s'il le faut. Il triomphe de toutes les convoitises de notre nature égoïste, qui voudrait tout attirer à elle, sans rien faire jamais pour les autres. En évitant ce qui nous divise et en favorisant au contraire ce qui nous rapproche, il arrive à donner à la société cet éclat et cette force morale qui la soutiennent et qui l'honorent.

5. **De l'action du sentiment religieux sur la morale individuelle.** — Le sentiment religieux qui facilite si puissamment l'accomplissement des devoirs sociaux donne aussi à la morale individuelle la consécration la plus haute et la plus noble. Il enseigne à l'homme que malgré ses imperfections et ses misères il n'en est pas moins le roi de la nature. Il lui apprend qu'il est par son origine le premier des êtres, que par la pensée il domine le monde au milieu duquel il se trouve et que s'il se considère dans sa fin, il est alors, selon l'expression de Pascal, grand et incomparable.

Ce sentiment qu'il a de sa grandeur lui inspire le respect de lui-même. Il sait qu'il a une mission à remplir, dans quelque condition qu'il se trouve et il est certain que Dieu lui a donné les moyens nécessaires pour atteindre honorablement sa destinée. Il se regarde donc comme un serviteur aux gages de la Providence et dans cette conviction il comprend qu'il doit faire le meilleur usage possible des facultés qu'il a reçues. Cette conviction lui dicte tous les devoirs qu'il a à remplir envers lui-même et lui en facilite l'exécution.

Ainsi le sentiment religieux joue donc un rôle universel et fondamental dans la morale. Il transforme la morale individuelle et la morale sociale en les rendant sacrées l'une et l'autre; il en est tout à la fois la lumière et la sanction.

Mais pour qu'il puisse exercer cette influence, il ne suffit pas qu'il reste à l'état vague et indéterminé; il faut qu'il soit formulé et nourri par le culte qui en est l'expression.

CHAPITRE III

Du culte et de la prière.

1. **Du culte en général.** — Le culte pris dans l'acception la plus large est l'honneur que nous rendons à Dieu.

« Pensons-nous à l'essence infinie de Dieu, dit Cousin, nous pénétrons-nous de sa toute-puissance, nous rappelons-nous que la loi morale exprime sa volonté et qu'il a attaché à l'accomplissement et à la violation de cette loi des récompenses et des peines dont il dispose avec une justice inflexible? Nous ne pouvons nous défendre d'une émotion de respect et de crainte à l'idée d'une telle grandeur.

« Puis si nous venons à considérer que cet être tout-puissant a bien voulu nous créer, nous dont il n'a aucun besoin, qu'en nous créant il nous a comblés de bienfaits, qu'il nous a donné cet admirable univers pour jouir de ses beautés toujours nouvelles, la société pour agrandir notre vie dans celle de nos semblables, la raison pour penser, le cœur pour aimer, la liberté pour agir; sans disparaître, le respect et la crainte se teignent d'un sentiment plus doux, celui de l'amour.

« Le respect, la crainte et l'amour composent l'adoration. »

2. Du culte intérieur. — L'adoration contenue au dedans de nous constitue le culte intérieur. En nous humiliant devant Dieu et en reconnaissant que nous lui sommes redevables de toutes choses, nous nous anéantissons devant sa majesté suprême et nous lui offrons notre raison, notre cœur et toutes nos facultés que nous désirons n'employer que pour sa gloire.

Il est nécessaire que ce sentiment soit accompagné de crainte et de respect, parce que sans cela nous pourrions nous faire illusion sur la justice de Dieu et nous traiter avec une indulgence coupable. Mais il faut aussi qu'il soit vivifié par l'amour, parce que si nous ne tenions pas compte de la bonté divine nous serions éloignés par une crainte excessive qui paralyserait notre confiance et notre bonne volonté.

C'est le résumé de ces trois sentiments, de la crainte, du respect et de l'amour qui donne à l'adoration son vrai caractère et qui l'élève à la hauteur d'une piété franche et sincère.

Ce culte qui se renferme dans le sanctuaire même de notre âme est sans contredit le plus vrai et le plus méritoire, mais il n'est cependant pas le seul que nous devions à la divinité.

3. Du culte extérieur. — L'homme étant composé d'un corps et d'une âme, il ne suffit pas qu'il ait en lui-même des sentiments de respect et d'amour pour la divinité, il faut qu'il les produise par la parole et son attitude extérieure. Il est si naturel à l'homme d'exprimer au dehors ce qu'il sent, ce qu'il éprouve au dedans qu'on ne conçoit pas le culte intérieur sans le culte extérieur. Ceux qui prétendent que leur culte est tout en esprit n'ont pas des sentiments religieux bien vifs et bien profonds.

« Ne voit-on pas, dit Fénelon, que le culte extérieur suit nécessairement le culte intérieur de l'amour? Donnez-moi une société d'hommes qui se regardent comme n'étant tous ensemble sur la terre qu'une seule famille, dont le père est au ciel? Donnez-moi des hommes qui ne vivent que du seul amour de ce père céleste, qui n'aiment ni le prochain ni eux-mêmes que par amour de lui, et qui ne soient qu'un cœur et qu'une âme : dans cette divine société n'est-il pas vrai que la bouche parlera sans cesse de l'abondance du cœur? Ils admireront le Très-Haut; ils chanteront le Très-Bon; ils célébreront ses louanges; ils le béniront pour tous ses bienfaits. »

4. Du culte public et social. — De ces paroles de Fénelon il résulte que le culte extérieur doit être public et social. L'homme est fait pour la société et il doit à la vie sociale la garantie de ses droits et de ses prérogatives individuelles. Il est donc tenu comme être social de rendre ses hommages à l'auteur de tout bien. Le culte public est d'ailleurs le moyen le plus puissant pour entretenir et développer le culte extérieur.

Dans toutes les nations il y a un culte public. Partout on élève à la divinité des temples et des autels et en certains jours le peuple vient offrir à Dieu ses demandes ou ses actions de grâces d'une manière solennelle.

Il faut aux hommes, dit Franck, une confession publique de leurs croyances, des affirmations qu'ils puissent répéter en chœur avec une foule innombrable. Il leur faut des symboles autour desquels ils puissent se reconnaître, des réunions solennelles où ils sentent leur âme remonter à sa source, parmi des nuages d'encens et des flots d'harmonie, avec les prières et les actions de grâces d'une foule unie dans une même pensée, prosternée devant le même autel. Il leur faut, à chacune des circonstances importantes de la vie, une voix grave et respectée qui leur rappelle le secret sublime de leur destinée, pourquoi ils sont venus en ce monde, comment ils doivent s'y conduire, avec quelles espérances ils doivent le quitter. On n'est vraiment pas religieux, si l'on refuse de reconnaître cette grande loi de la nature humaine, et celui dont le cœur n'est pas ouvert au sentiment religieux ne comprendra jamais qu'imparfaitement la sublime autorité et le caractère divin de la loi morale.

5. De la prière. — Le culte se manifeste par la prière. Le culte interieur consiste dans la prière mentale et le culte extérieur dans la prière vocale.

C'est à la religion et à ceux qui la représentent qu'il appartient de régler le culte public. Si on laissait le sentiment religieux abandonné à lui-même, il pourrait dégénérer en pratiques bizarres et superstitieuses.

Partout il se manifeste par des prières et des cérémonies qui sont formulées et déterminées par les ministres du culte. Partout la prière est une action de grâces pour les bienfaits reçus et une demande pour les grâces qu'on désire obtenir.

Homère rend un magnifique hommage à l'efficacité

de la prière dans ce passage où Phœnix tâche d'agir sur la colère inflexible d'Achille.

« Mon cher Achille, domptez cette impérieuse colère qui vous domine. Il ne vous sied pas d'avoir un cœur impitoyable. Les dieux, plus puissants que vous et d'une nature plus excellente, les dieux mêmes se laissent fléchir. L'encens, les humbles vœux, les libations, la douce odeur des sacrifices, les prières des hommes, tout cela détourne leur colère quand on les a offensés, quand on a violé leurs commandements. Les Prières sont des déesses. Toutes difformes qu'elles paraissent, boiteuses, louches, ridées, elles sont les filles du grand Jupiter. Elles marchent sur les pas de l'injurieuse Até, et prennent soin de remédier aux maux qu'elle fait. La déesse malfaisante est forte et robuste. Elle a le pied ferme. Elle les devance toutes de bien loin. Elle court légèrement par toute la terre. Elle imprime ses pas sur les têtes des orgueilleux mortels. Elle prend plaisir à affliger les hommes. Les Prières viennent après et réparent ses outrages. Quiconque a reçu avec respect les saintes filles de Jupiter, dès le moment qu'il les a vues approcher, elles l'ont toujours récompensé libéralement, elles l'ont exaucé à leur tour dès qu'il les a invoquées. Mais, lorsqu'on les a rebutées par un dur refus, alors ces déesses s'en vont trouver le fils de Saturne; alors elles prient Jupiter leur père de punir celui qui les a méprisées et de lui donner pour compagne l'outrageante Até. » (*Iliade*, XI, v. 492-510.)

Les anciens philosophes ont considéré la prière comme une demande ou comme une action de grâces faite à Dieu.

« La vertu, dit Platon, est la santé de l'âme et le vice en est la maladie. Nous demandons à Dieu de nous délivrer du mal, parce que cet affranchissement sera sans contredit le commencement de la véritable félicité.

« Si nous étions sages, ajoute Épictète, nous ne devrions pas faire en public et en particulier autre chose que de célébrer la bonté divine et de la remercier solennellement de tout le bien qu'elle nous a fait. »

6. De la liberté religieuse. — La philosophie reconnaît que le culte intérieur est le fondement du culte extérieur, que l'un est la manifestation sensible de l'autre, comme la parole est l'expression de la pensée, mais elle ne va pas plus loin.

Il ne lui appartient pas de déterminer les formes du culte et de dire de quelle manière Dieu doit être servi.

L'État ne doit pas non plus intervenir dans ces questions qui ne sont pas de sa compétence.

C'est à l'autorité religieuse à les résoudre. Elle enseigne ce que l'on doit croire et pratiquer, mais elle laisse à chacun la liberté de suivre ou non ses prescriptions.

Cette liberté religieuse est la liberté de conscience.

CHAPITRE IV

Des sanctions de la morale. De l'immortalité de l'âme.

1. Rapports de la vertu et du bonheur. — Nous avons vu les différentes sanctions de la loi morale. (V. plus haut, pag. 23.) L'étude de ces sanctions

nous a montré que les sanctions humaines sont insuf-
fisantes et qu'il faut nécessairement recourir à la
sanction divine pour que l'homme soit puni ou récompensé selon ses œuvres.

Il est certain qu'ici-bas la prospérité n'est pas la
compagne inséparable de la vertu.

Le plus souvent le vice triomphe et la vertu est
humiliée.

Si l'homme est parfois victime de ses passions, il
est dans bien des cas le jouet des événements et ce
n'est pas sans raison que l'on représente la fortune
avec un bandeau sur les yeux.

Celui qui est malheureux s'honore en supportant
avec constance l'adversité, mais ne doit-il pas un jour
recevoir la récompense de ses nobles efforts et de
l'héroïsme de son courage?

C'est ce qu'ont pensé tous les sages dans tous les
temps. A leurs yeux la destinée présente n'a jamais
été qu'une préparation à la destinée future qui nous
attend au delà de cette vie.

2. De la séparation de l'âme et du corps. — L'âme
et le corps dont l'homme est formé sont deux êtres
distincts. S'il y a des opérations de l'âme qui supposent son union avec le corps, comme les sensations et
les perceptions, il y en a aussi d'autres qu'elle accom-
plit d'elle-même sans la participation du corps
comme concevoir, juger, raisonner, agir librement et
volontairement.

La mort frappe le corps et le dissout, mais il n'y a
pas de motif pour qu'elle frappe en même temps
l'âme et qu'elle l'anéantisse.

La distinction réelle et l'entière dissemblance de
ces deux êtres, dit Fénelon, étant établies, à quel

propos conclurait-on que l'un de ces deux êtres serait anéanti dès que leur union viendrait à cesser? Représentez-vous deux corps qui sont absolument de même nature : séparez-les, vous ne détruirez ni l'un ni l'autre. Bien plus, l'existence de l'un ne peut jamais prouver l'existence de l'autre; et l'anéantissement du second ne peut jamais prouver l'anéantissement du premier. Quoiqu'on les suppose semblables en tout, leur distinction réelle suffit pour prouver leur indépendance. Que si l'on doit ainsi raisonner de deux corps qu'on sépare et qui sont de même nature, à plus forte raison en est-il de même d'un esprit et d'un corps dont les natures sont dissemblables en tout. Un être qui n'est nullement la cause de l'existence de l'autre ne peut pas être la cause de son anéantissement. Il est donc clair comme le jour que la désunion du corps et de l'âme ne peut opérer l'anéantissement ni de l'un, ni de l'autre, et que l'anéantissement même du corps n'opérerait rien pour faire cesser l'existence de l'âme. »

Cet argument prouve à merveille que le corps et l'âme étant deux substances distinctes, l'anéantissement de l'une n'implique nullement l'anéantissement de l'autre.

Il démontre donc que l'âme peut survivre au corps, mais lui survit-elle réellement?

Si nous examinons la nature de l'âme nous voyons qu'elle est immatérielle et par conséquent incorruptible. Son intelligence s'élève vers les choses immuables et éternelles et paraît faite pour un autre monde que ce monde changeant et éphémère. Ses désirs la portent vers un bonheur infini qui n'existe pas ici-bas et ses aspirations la poussent vers une vie toute différente de celle-ci. Ce sont des indices de la destinée future qui l'attend au delà de l'existence présente.

Mais ces raisons, toutes sérieuses qu'elles sont, ne nous paraîtraient pas, si elles étaient seules, absolument convaincantes. Car nous ne devons pas oublier que l'être fini, quel qu'il soit, n'existe pas par lui-même et qu'il ne peut exister qu'autant que Dieu lui continue l'existence.

3. Preuves de l'immortalité de l'âme. — Pour que l'âme survive au corps et existe au delà de cette vie, il faut que Dieu ait des raisons pour lui continuer l'existence et ce sont ces raisons qui établissent victorieusement son immortalité.

Ces raisons se déduisent de la sagesse et de la bonté de Dieu.

Sa sagesse ne lui permet d'anéantir aucune de ses créatures. Le corps se décompose, se dissout, mais il n'y a pas un seul de ses atomes qui soit anéanti. Si l'âme cessait d'exister, par là même qu'elle est immatérielle, la cessation de son être serait un anéantissement.

Mais l'argument sans réplique est celui que nous fournit la justice divine. Il faut que le juste soit récompensé et le méchant puni, dans la mesure du mérite ou de la perversité de leurs actes. Or, il est évident qu'ici-bas la justice de Dieu ne s'exerce pas et que nous ne voyons au contraire que désordres, abominations et scandales. « Plus je rentre en moi, dit Rousseau, plus je me consulte, et plus je lis ces mots écrits dans mon âme : « Sois juste et tu seras « heureux. » Il n'en est rien pourtant, à considérer l'état présent des choses : le méchant prospère et le juste est opprimé. Voyez aussi quelle indignation s'allume en nous quand cette attente est frustrée ! La conscience s'élève et murmure contre son auteur; elle lui crie en gémissant : Tu m'as trompé!

« Je t'ai trompé, téméraire! Qui te l'a dit? Ton âme est-elle anéantie? As-tu cessé d'exister? O Brutus! ô mon fils! ne souille pas ta noble vie en la finissant ; ne laisse pas ton espoir et ta gloire avec ton corps aux champs de Philippes. Pourquoi dis-tu : La vertu n'est rien, quand tu vas jouir du prix de la tienne ? Tu vas mourir, penses-tu? Non, tu vas vivre et c'est alors que je tiendrai tout ce que je t'ai promis.

« Si l'âme est immatérielle, elle peut survivre au corps; et si elle lui survit, la Providence est justifiée. Quand je n'aurais d'autre preuve de l'immortalité de l'âme que le triomphe du méchant et l'oppression du juste en ce monde, cela seul m'empêcherait d'en douter. Une contradiction si manifeste, une si choquante dissonance dans l'harmonie universelle me ferait chercher à la résoudre. Je me dirais : Tout ne finit pas pour nous avec la vie; tout rentre dans l'ordre à la mort. »

4. **Dieu et la vie future.** — Notre âme étant immortelle, la destinée future est le bien suprême de notre existence.

La destinée présente en est le prélude.

Dieu ne nous a pas créés uniquement pour passer quelques années sur cette terre.

Il nous a faits immortels pour que nous jouissions éternellement de sa félicité et de ses lumières.

Il n'y a mis qu'une condition c'est qu'ici-bas, nous fassions bon usage des facultés qu'il nous a données.

En raison de notre liberté, nous pouvons faire le bien ou le mal.

Cette vie est un temps d'épreuves. A la mort, nous

aurons à rendre compte de nos œuvres au tribunal de sa justice infaillible.

Nous serons récompensés ou punis en raison du bien ou du mal que nous aurons fait. Telle est la sanction dernière de la morale.

TABLE DES MATIÈRES

DE LA MORALE PRATIQUE

PREMIÈRE PARTIE

Des devoirs domestiques.

DEUXIÈME PARTIE

Des devoirs sociaux.

QUATRIÈME PARTIE

Des devoirs personnels.

CINQUIÈME PARTIE

Des devoirs religieux et des droits correspondants.

PROGRAMMES

AUXQUELS LE TRAITÉ DE MORALE CORRESPOND

1° ENSEIGNEMENT SECONDAIRE MODERNE

Classe de Quatrième.

MORALE PRATIQUE.

Notions préliminaires. — Premières données de la conscience, 7-33.

Devoirs domestiques, 39. — Devoirs des enfants envers les parents, 48-53.
Devoirs des parents envers les enfants, 53-61.
Devoirs des frères et sœurs, 62-65.

Devoirs sociaux, 66. — Respect de la vie humaine, 66-72.
Respect de l'honneur et de la réputation, 79-85. Les outrages, la calomnie, la médisance, 79-81. Condamnation de la délation et de l'envie, 82-85.
Respect de la propriété, 87. Le vol et la fraude sous toutes ses formes, 91-93.
Caractère sacré des promesses et des contrats, 93-97.
Équité, 97-98. Reconnaissance, 103-104. La bienfaisance, 104-105; l'aumône, 106-107; l'obligation d'assister ses semblables dans le péril, 107; le dévouement, le sacrifice, 107-108; Devoirs de l'amitié, 108-111. Respect de la vieillesse, 111-112; des supériorités morales, 112-113.
Devoirs à l'égard des animaux, 118-120.
Devoirs réciproques des maîtres et des serviteurs, 114-118.

Devoirs civiques, 121. — La patrie et le patriotisme, 121-124. L'obéissance aux lois, 130-131; le respect des magistrats, 131; l'impôt, 132-134; le service militaire, 135-137; le vote, 137-138.

Devoirs personnels, 146. — Devoir de conservation personnelle. Le suicide, 147-151.

Principales formes du respect de soi-même, 151-152 : tempérance, 153 ; prudence, 155 ; courage, 157. Respect de la vérité ; sincérité vis-à-vis de soi-même, 161.

Devoir de cultiver et de développer toutes nos facultés, 165-175. Le travail : sa nécessité, son influence morale, 175-178.

Devoirs religieux et droits correspondants, 179-196.

- - - - - -

2° ÉCOLES PRIMAIRES SUPÉRIEURES

ÉDUCATION MORALE

Notions préliminaires. — La responsabilité morale, 11. — La liberté, 7-14. — Le bien, 14-15. — Le devoir, 20. — Le droit, 21. — La vertu, 13-14.

Morale pratique. — Devoirs domestiques, 39. — Devoirs des enfants envers les parents, 48-53; des frères et des sœurs entre eux, 62-65 ; des parents envers les enfants, 53-61 ; des maîtres et des serviteurs, 114-118. — L'esprit de famille, 45-47.

Devoirs civiques, 121. — La patrie 121-124; l'État et les citoyens, 124-127. L'autorité publique ; la Constitution et les lois, 127-130

Devoirs des citoyens : obéissance aux lois, 130 ; service militaire, 135-137; impôt, 132-134; vote, 137-138.

Devoirs des gouvernants : les grands pouvoirs publics; 138-143.

Le patriotisme, 122-124.

Devoirs des nations entre elles, 143. — Notions sur le droit des gens, 143-145.

Devoirs généraux de la vie sociale, 66. — 1° **La justice,** 66. — Respect des personnes, 66. Respect de la personne dans sa vie, 66-73 ; dans sa liberté, 73-79; dans son honneur et sa réputation, 79-83; dans ses croyances et ses opinions, dans ses biens, 87-93, etc. — Respect des contrats et des promesses, 93-97. — Justice distributive et rémunérative, 86. — Équité, 97-99.

2° **La charité,** 100-101. — Bienveillance, 102, et bienfaisance, 104 ; aumône, 106 ; bonté, solidarité, 108-113 ; La politesse, 113.

Devoirs à l'égard des animaux, 118-120.

Devoirs personnels, 146 : Respect de soi-même, 151-161 ; véracité, 161-165 ; modestie, 151 ; prévoyance, 156-157 ; courage, 157 ; empire sur soi-même, 158-160.

Développement de toutes nos facultés, 165-175 : le travail, 175-178.

Devoirs religieux et droits correspondants, 179 196 : Rôle du sentiment religieux en morale, 182-186.

Liberté des cultes, 186-191.

Les sanctions de la morale, 191 : rapports de la vertu et du bonheur, 191-192. La vie future et Dieu, 192-196.

3° ÉCOLES NORMALES PRIMAIRES

Première année.

MORALE THÉORIQUE. — PRINCIPES.

Introduction. — Objet de la morale, 4-6.

La conscience morale, 25-36. — Discernement instinctif du bien et du mal, 14-15 ; comment il se développe par l'éducation, 33-36.

La liberté et la responsabilité, 8-11. — Conditions de la responsabilité ; ses degrés et ses limites, 11-13.

L'obligation ou le devoir. — Caractères de la loi morale. Insuffisance de l'intérêt personnel comme base de la morale. Insuffisance du sentiment comme principe unique de la morale, 20.

Le bien et le devoir pur. — Dignité de la personne humaine, 14-15.

Le droit et le devoir, 20-21. — Leurs rapports. Différents devoirs, 103-104: devoirs de justice et devoirs de charité, 20-21. La vertu, 13-14.

Les sanctions de la morale. — Rapports de la vertu et

du bonhour. Sanction individuollo (satisfaction moralo et remords). Sanctions sociales. Sanctions supérieures : la vie future et Dieu, 23-25, 179-196.

Deuxième année.

MORALE PRATIQUE. — APPLICATIONS.

Devoirs individuels, 146. — Leur fondement, 147. Principales formes du respect de soi-même, 151 : les vertus individuelles (tempérance, 153; prudence, 155; courage, 157; respect de la vérité, 161; de la parole donnée, 93-95; dignité personnelle, 73; etc.).

Devoirs généraux de la vie sociale, 66. — Rapports des personnes entre elles, 66 et suiv.

Devoirs de justice, 66. — Respect de la personne dans sa vie, 66-73; condamnation de l'homicide; examen des exceptions réelles ou prétendues, 67 : cas de légitime défense, 68; etc.

Respect de la personne dans sa liberté, 73 : l'esclavage, 73-76; le servage, 76-79; liberté des enfants mineurs, des salariés, 114-118; etc.

Respect de la personne dans son honneur et sa réputation, 79 : la calomnie, 80; la médisance, 81; — dans ses opinions et ses croyances : l'intolérance; — dans ses moindres intérêts, dans tous ses sentiments, 93 : menues injustices de toutes sortes : l'envie, 83; la délation, 82; etc.

Respect de la personne dans ses biens, 85 : le droit de propriété, 87; caractère sacré des promesses et des contrats, 93-97.

Devoirs de charité, 100. — Obligation de défendre les personnes menacées dans leur vie, leur liberté, leur honneur, leurs biens, 107. La bienfaisance proprement dite, 104. Le dévouement et le sacrifice, 107-108. Devoirs de bonté envers les animaux, 118-120.

Devoirs de famille. — Devoirs des parents entre eux, 39-45; des enfants envers leurs parents, 48-53; des enfants entre eux, 62-65. Le sentiment de famille, 45-46.

Devoirs professionnels. — Professions libérales : fonctionnaires, 40-45; industriels, commerçants, 93-99; salariés et patrons, 114-118; etc.

Devoirs civiques. — La patrie, 121-124. L'État et les

citoyens, 124-127. Fondement de l'autorité publique, 127. La Constitution et les lois, 127 130. Le droit de punir, 132.

Devoirs des simples citoyens, 130 : l'obéissance aux lois, 130-131 ; l'impôt, 132-134 ; le service militaire, 135-137 : le vote, 137-138 ; l'obligation scolaire.

Devoirs des gouvernants, 138-140.

Devoirs des nations entre elles, 143. — Le droit des gens, 143-145.

Devoirs religieux et droits correspondants, 179-196. — Liberté des cultes, 186-191. Rôle du sentiment religieux en morale, 182-186.

—————

4° ENSEIGNEMENT SECONDAIRE
DES JEUNES FILLES

NOTIONS PRÉLIMINAIRES.

La responsabilité morale, 11-13 : La Liberté, 8-11 ; le Bien, 14-15 ; le Devoir, 20-21 ; le Droit, 21-23 ; la Vertu, 13-14.

MORALE PRATIQUE.

Devoirs domestiques. 39. — Devoirs des enfants envers les parents, 48 53 ; des frères et sœurs entre eux, 62-65 ; des époux entre eux, 39-45 ; des parents envers les enfants, 53-61 ; des maîtres et des serviteurs, 114-118. — L'esprit de famille, 45-47.

Devoirs civiques, 121. — La patrie, 121-124. L'État et les citoyens, 124 127. L'autorité publique, 127 ; la Constitution et les lois, 127-130.

Devoirs des citoyens, 130 : obéissance aux lois, 130-131 ; service militaire, 135-137 ; impôt, 132-134 ; vote, 137-138.

Devoirs des gouvernants, 138 ; les grands pouvoirs publics, 138-143.

Le patriotisme, 122-124.

Paris. — Imprimerie F. Levé, rue Cassette, 17.

www.ingramcontent.com/pod-product-compliance
Lightning Source LLC
Chambersburg PA
CBHW060029100426
42740CB00010B/1657